高中英语教学中文化意识的培养

孙 凯 著

中国财富出版社有限公司

图书在版编目（CIP）数据

高中英语教学中文化意识的培养 / 孙凯著. —北京：中国财富出版社有限公司，2023.10

ISBN 978-7-5047-7997-7

Ⅰ. ①高… Ⅱ. ①孙… Ⅲ. ①英语课－教学研究－高中 Ⅳ. ①G633.412

中国国家版本馆CIP数据核字（2023）第204666号

策划编辑	周　畅	**责任编辑**	邢有涛　刘康格	**版权编辑**	李　洋
责任印制	尚立业	**责任校对**	庞冰心	**责任发行**	杨　江

出版发行	中国财富出版社有限公司		
社　　址	北京市丰台区南四环西路188号5区20楼	**邮政编码**	100070
电　　话	010-52227588 转 2098（发行部）		010-52227588 转 321（总编室）
	010-52227566（24小时读者服务）		010-52227588 转 305（质检部）
网　　址	http：//www.cfpress.com.cn	**排　　版**	宝蕾元
经　　销	新华书店	**印　　刷**	北京九州迅驰传媒文化有限公司
书　　号	ISBN 978-7-5047-7997-7/G・0801		
开　　本	710mm × 1000mm　1/16	**版　　次**	2023 年10月第1版
印　　张	12	**印　　次**	2023 年10月第1次印刷
字　　数	150千字	**定　　价**	68.00 元

前 言

《普通高中英语课程标准（2017年版2020年修订）》明确指出，普通高中英语课程的总目标是全面贯彻党的教育方针，培育和践行社会主义核心价值观，落实立德树人根本任务，在义务教育的基础上，进一步促进学生英语学科核心素养的发展，培养具有中国情怀、国际视野和跨文化沟通能力的社会主义建设者和接班人。基于课程的总目标，普通高中英语课程的具体目标是培养和发展学生在接受高中英语教育后应具备的语言能力、文化意识、思维品质、学习能力等学科核心素养。

文化意识作为高中英语学科核心素养之一，体现英语学科核心素养的价值取向，是在英语学科教学中落实"立德树人"根本任务的落脚点。普通高中英语课程应当以德育为魂、能力为重、基础为先、创新为上，注重提高学生英语语言运用能力，同时帮助他们学习、理解和鉴赏中外优秀文化，培养爱国情怀，坚定中国文化自信，拓宽国际视野，增进学生对国际文化的理解力，逐步提升他们的跨文化沟通能力、思辨能力、学习能力和创新能力，让学生形成正确的世界观、人生观和价值观。文化意识的发展过程是一个内化于心、外化于行的过程，包括感知中外文化知识（分析与比较）、认同优秀文化（赏析与汲取）、形成文化理解（认知与内化）、具备文化意识（行为与表征）。

高中学生的文化意识源于课程学习中语篇所承载的文化知识。在单元整体教学中，以话题为中心的教材内容涵盖各种各样的物质文化和精神文化，因此教师要认真分析教材，对相关文化知识进行关联和整合，提炼出相关文化内容和教学目标。在课堂教学中，教师不仅要引导学生学习英语国家的文化，还要鼓励学生用英语表达中国思想、阐述中国文化。

教师既要注重文化知识传授，还要在教学全过程中融入渗透优秀文化。教师应该在认真研读语篇的基础上，深入挖掘语篇所表达的文化知识，通过有效教学让学生掌握必备的文化知识。教师在教学设计中要引导学生在获取文化知识的基础上，深入理解文化知识的内涵，让学生构建结构化的知识体系，使得学生可以通过比较与判断、调试与沟通、认同与传播、感悟与鉴别等高阶思维将文化知识转变为文化意识。

本书通过分析普通高中英语课程标准的沿革，解读学科核心素养的相关概念，重点分析文化意识与其他学科核心素养的关系，并在此基础上就文化、文化自信、文化意识等内容进行分析，阐释文化和语言知识之间的关系并分析教材中所包含的文化知识。立足一线教师课堂教学实际，笔者探讨了在听说课、阅读课和写作课中如何对学生进行文化意识培养，依据新课标理念设计体现大观念、英语学习活动观、深度学习理念和“教、学、评”一体化的教学内容。

笔者在写作过程中参考了大量的文献，引用了一些前辈和同人的学术成果，因篇幅有限，不能一一列举，在此一并致谢。笔者才疏学浅，学术能力有待进一步提高，书中存在不足，真诚希望各位读者批评指正，不吝赐教。

孙凯

2023年6月17日

目　录

CONTENTS

第一章　高中英语学科核心素养 ······ 1

第一节　普通高中英语课程标准的沿革 ······ 3

第二节　普通高中学科核心素养解读 ······ 9

第三节　文化意识与其他学科核心素养的关系 ······ 18

第四节　文化意识的评价指标及解读 ······ 22

第二章　文化意识 ······ 27

第一节　文化 ······ 29

第二节　文化自信 ······ 32

第三节　文化意识 ······ 37

第三章　教材中的文化知识 ······ 43

第一节　文化和语言 ······ 45

第二节　文化知识……………………………………………………………49
第三节　教材中的文化知识…………………………………………………53

第四章　高中英语课堂教学中对文化意识的培养……………………57

第一节　听说课中的文化意识培养…………………………………………59
第二节　阅读课中的文化意识培养…………………………………………68
第三节　写作课中的文化意识培养…………………………………………75

第五章　新课标理念下文化意识的教学设计…………………………83

第一节　大观念教学中的文化意识教学设计………………………………85
第二节　英语学习活动观中的文化意识教学设计…………………………89

第六章　新课标理念下培养文化意识的教学设计课例展示…95

总设计………………………………………………………………………97
课时教学设计1……………………………………………………………105
课时教学设计2……………………………………………………………114
课时教学设计3……………………………………………………………122
课时教学设计4……………………………………………………………132
课时教学设计5……………………………………………………………145
课时教学设计6……………………………………………………………151
课时教学设计7……………………………………………………………158
课时教学设计8……………………………………………………………167

参考文献……………………………………………………………………179

第一章

高中英语学科核心素养

第一节

普通高中英语课程标准的沿革

1951年，教育部颁发《普通中学英语科课程标准草案》，包括初级中学英语课程标准草案和高级中学英语课程标准草案两个阶段的英语教学标准，内容包含四部分：目标、时间分配、教材大纲、教法要点。具体细节上，这份草案把词汇量等语言知识和技能的核心要求列在目标项中。

1954年4月，教育部下发《关于从1954年秋季起中学外国语科设置的通知》，规定在初中阶段不设置外语教学，而高中阶段的外语教学周学时减少为4小时。这份通知要求学校的外语教学由英语为主转向以俄语为主，从（高中）一年级起授俄语，个别地区如缺少师资的可授英语。同年11月发布的《关于初中不设外国语科的说明的通知》，重申初中阶段一律不设外国语科，为了保障学校的师资力量既可集中力量教好高中外国语，又可以使初中学生减轻过重的学习负担，集中力量学好本国语文和其他学科。

1956年，《关于中学外国语科的通知》开始要求必须注意扩大和改进英语教学。从1956年秋季起，凡是英语师资条件较好的地区，从高中一年级起增设英语课，并从1957年秋季起，初中一年级恢复外国语科，各地中学教俄语和英语的比例暂定各为50%左右。同年，教育部颁发《高级中学英语教学大纲（草案）》。该草案分为四部分：说明、学生在三年中应达到的水平、各年级的教学重点和任务、教学大纲。

1959年3月，教育部发布《关于在中学加强和开设外国语的通知》，把全日制中学分甲、乙两类。从1959—1960学年度起，全日制的甲类中学一定要在初中开设外国语，在高中加强外国语教学。该通知提到，中学设置各种外国语的比例，大体上可以规定约有三分之一的学校教俄语，三分之二的学校教英语及其他外国语。同年4月发布《关于在中学加强和开设外国语的补充通知》，进一步明确在中学阶段开设的外国语主要指的是俄语和英语，并且指出学校要从初中一年级开始外国语教学。1962年发布的《对小学开设外国语课的有关问题的意见》，提出可在小学的最后两个学年开设外语课，其还对师资和教材供应问题提供了具体的建议。

1963年，在全面总结外语教学和教材编辑的历史经验的基础上，教育部制定并颁发了《全日制中学英语教学大纲（草案）》。这是1949年以来内容最丰富、最细致的一部英语教学大纲。大纲分为五部分：教学目的和要求、教学内容、教学内容的安排、教学中应该注意的几点、各年级的教学要求和教学内容。第一部分指出了英语教学的社会功能和语言知识、技能的教学目的，第二、三、五部分均对语音、词汇、语法、课文等语言知识教学项目详细论述，第二、三、四、五部分内容为教材的编写和课堂教学提供了明确具体的依据。

1978年，教育部制定颁发了《全日制十年制中小学英语教学大纲（试行草案）》，重新统一了教学目标要求、内容和课时。该大纲的具体内容可视为对1963年大纲的延续和发展，但整体结构的逻辑性更强了，分为四部分：教学目的和要求、教学原则、教学方法、各年级教学要求和教学内容。1980年，教育部对该大纲进行了修订。

1986年，国家教委[①]制定颁发了《全日制中学英语教学大纲》，正文结构同前一大纲，正文后添加了“全日制中学高中一年级起始英语课的教学目的、要求和安排”作为一项附录。该大纲在1990年被国家教委根据《现行普通高中教学计划的调整意见》修订，国家教委颁发了《全日制中学英语教学大纲（修订本）》，规定高一年级、高二年级英语为必修课，高三年级为选修课，并适当降低了教学要求，减少了教学内容。

1988年，国家教委制定了《九年制义务教育全日制初级中学英语教学大纲（初审稿）》，并于1992年正式颁发了《九年义务教育全日制初级中学英语教学大纲（试用）》。这部大纲的结构与内容在以往的基础上做出了改进，包含五部分：教学目的，教学要求，教学内容，教学中应该注意的几个问题以及考试、考查。在这份大纲中，教学目的简洁，教学要求分级提出，教学内容分为四项，以附表的形式明确具体地列举在大纲的最后，分别为“日常交际用语简表”“语音项目表”“词汇表”“语法项目表”。2000年，这部大纲被修订为《九年义务教育全日制初级中学英语教学大纲（试用修订版）》，主体内容保持不变，第五部分“考试、考查”更名为“教学评价”，并提出应坚持形成性评

① 国家教育委员会，于1985年成立，1998年更名为教育部。

价和终结性评价并重的原则，既关注结果，又关注过程，“词汇表”标注了词汇总数，并增加了第五个附表“话题”。

1993年，国家教委制定《全日制高级中学英语教学大纲（初审稿）》，与上述《九年义务教育全日制初级中学英语教学大纲》属同一系列，结构、特征也完全一致。词汇表分（1）（2）两个，分别为需要掌握的词汇和只需理解的词汇。1996年，编订《全日制普通高级中学英语教学大纲（供试验用）》，与九年义务教育课程方案相衔接。结构上，在第一部分“教学目的”之后新增第二部分“课程安排”，明确规定各学年英语作为必修课或选修课的周课时数、学习周数和总课时数。第三部分“教学目标和要求”也开始如九年义务教育教学大纲一样把教学目标分为一级目标和二级目标。词汇表（2）也开始标注词性和汉语释义。1997年起，这部大纲随同与之配套的人民教育出版社（以下简称人教社）编写的教材在一些城市进行试验。2000年，经修订，颁发了《全日制普通高级中学英语教学大纲（试验修订版）》，结构与《九年义务教育全日制初级中学英语教学大纲（试用修订版）》一致。

2001年，教育部制定并颁布了《全日制义务教育普通高级中学英语课程标准（实验稿）》（以下称“标准”），涵盖了小学、初中和高中三个阶段的英语教学内容。同以往的课程标准和教学大纲相比，这部“标准”从编写的理念到具体结构、内容都有显著改变。结构上，包含前言、课程目标、内容标准和实施建议四大部分，最后的附录为七个项目表，包括语音项目表、语法项目表、功能意念项目表、话题项目表、技能教学参考表、课堂教学用语及词汇表。“标准”规定国家英语课程的一般起点为小学三年级。“标准”采用国际通用的分级方式，将英语课程目标按照能力水平设为九个级别，旨在体现国家英语课程标准的整体性、灵活性和开放性。提出了语言技能、语言知识、情感态度、学习策略和文化意识五个方面的目标结构，而以往的课程标准体现的目标要求均集中在语言知识和语言技能的层面。这是国家从课程标准的层面，第一次提出“文化意识”的概念，并将其明确写进国家课程标准里。“文化意识”的提出，也反映出语言教育家对语言教学本身的深层次思考，指导教师在教学过程中不仅要关注知识本身的内容，还要关注语言本身所包含的文化知识和学习语言过程中需要形成的跨文化交流的能力。

新课标颁布的同时，新一轮基础教育课程改革实验开始启动。在这个“标准”的基础上，2003年，教育部印发《普通高中英语课程标准（实验）》，基本结构保持一致，只涉及高中阶段的内容。规定了必修课与选修课相结合的课程设置模式以“满足不同学生的就业选择、升学深造以及个人的兴趣和发展的需要”；还规定了学分制和按模块开设课程的方式，每个模块2个学分，36学时（每周4学时），学习成果与九级目标体系相连。选修课程分为两个系列：系列Ⅰ顺序选修课和系列Ⅱ任意选修课。选修系列Ⅰ是在必修课的基础上供有条件的学校选择，让学生继续修得学分；选修系列Ⅱ包括语言知识技能类、语言应用类和欣赏类，供高中学生根据自己的兴趣和将来的发展方向自主选修。《普通高中英语课程标准（实验）》还为必修课和选修课的教材编写及使用提供了详明的建议。该课程标准颁布后，2004年秋季，高中新课程改革正式启动。

2005年，教育部颁发了《全日制义务教育英语课程标准（实验稿）》。2007年4月，教育部全面启动对该实验稿的修订。2008年，修订工作初步完成。2009年，印发只包括小学和初中阶段的《全日制义务教育英语课程标准（修订版）》。

《普通高中英语课程标准（2017版）》是教育部于2017年发布的文件，旨在指导高中英语教育教学。该标准要求学生在语言技能方面需达到一定的要求。听力、口语、阅读、写作、翻译和文化素养都是其中的重点。同时，该标准强调了语言技能的交际性质，要求学生学会运用语言交流。该标准要求教师采用多种教学方法，包括任务型教学、情景教学、合作学习等，以提高学生的学习兴趣和学习效果。该标准要求采用多种方式对学生进行评价，包括考试、作业、口语演讲、听力训练等。同时，该标准强调了评价要注重学生语言技能的实际应用。

《普通高中英语课程标准（2017年版2020年修订）》是在2017年版的基础上对高中英语教育教学的再次完善，该标准要求培养学生的英语语言应用能力和跨文化交际能力。该标准的教学内容基于实用性，涵盖了语言技能、知识、文化和价值观等方面，注重英语应用的真实情景和实际需要，要求采用多元化、个性化、活动化的教学方法，通过任务型、情景型、探究型、合作学习等多种教学方式提高学生的学习兴趣和学习效果。该标准还要求通过多种形式的评价，如考试、作业、口语演讲、听力训练等，全面评价学生的语言技能和跨文化交际能力，注重培养学生的实际应用能力和自主学习能力。总体来说，《普通高中英语课程标准（2017年版2020年修订）》进一步强调英语语言应用能力和跨文化交际能力的培养，加强了教学内容的实用性和多元性，提倡多元化、个性化、活动化的教学方法和评价方式，以促进学生可以全面、系统、有效具备英语语言技能和跨文化交际能力。

第二节

普通高中学科核心素养解读

一、学科核心素养

学科核心素养指在某一学科领域中，学生必须具备的基本能力和知识体系。它涵盖了学科的基本概念、基本原理、基本技能和基本方法，是学生学习该学科所需的基本素养和能力。学科核心素养旨在培养学生的学科能力，包括学科认知能力、学科思维能力、学科方法能力和学科情感态度能力。它可以帮助学生深入理解学科知识，掌握学科基本技能，提高学科思维能力和创新能力，培养学科兴趣，从而为未来的学习和工作打下坚实的基础。

学科核心素养是现代教育的重要组成部分，被广泛应用于教育教学和教育评价中。各国教育界普遍认为，学生的学科核心素养是衡量其学习成就和终身学习能力的重要标准之一。不同学科的核心素养有所不同，但一般包括以下共同点。

①学科知识和概念：掌握该学科领域的基本知识和概念，能够理解和运用相关的概念和原理。②学科思维和方法：具备该学科领域的

思维方式和研究方法，能够运用科学的方法进行学科研究。③学科实践和技能：具备该学科领域的实践能力和技能，能够运用学科知识和方法解决实际问题。④学科价值和态度：具备该学科领域的价值观和态度，能够尊重学科的价值和重要性，具备批判性思维和探究精神。⑤跨学科能力：具备跨学科的能力和视野，能够将多学科的知识和思维方式进行融合和运用。

二、学科核心素养的培养

学科核心素养的培养需要长期学习和实践，需要学生在学习中不断积累和提高。教师应该通过多种教学方法和策略来促进学生学科核心素养的培养。培养学生的学科核心素养需要从多个方面入手，包括教育教学理念、教学方法、课程设计、评价方式等。

（一）教育教学理念

1.贯彻素质教育理念

素质教育理念是贯穿我国教育教学改革的一项重要内容。它要求教育者以学生为中心，培养学生全面发展并提高综合素质。教师不仅要注重学生对知识的掌握，更要注重学生思维能力、实践能力、创新能力等培养。因此，教师应该将素质教育理念贯彻到教育教学的全过程，注重学科核心素养的培养，使学生具备综合素质和学科素养。

素质教育理念要求教师把学生放在教育教学的中心地位。在高中英语课堂中，教师可以通过设计多样化的教学形式、丰富的学习内容和有趣的学习活动等方式，满足学生的不同学习需求，激发学生的学习兴趣和积极性。同时，教师要注重挖掘学生的潜能，关注学生的个性，让每一个学生都能够发挥自己的优势，获得全面发展。

素质教育要求培养学生的综合素质。在高中英语课堂中，教师可以通过引导学生思考问题、探究学习内容、开展小组合作等方式，培养学生的学科素养；通过讲解英语国家的文化知识、开展文化交流活动等方式，增强学生的跨文化素质。

素质教育注重学生的个性发展，要求教师关注每一个学生的特长和优势，通过多元化的教学方式和丰富多彩的学习活动，让学生充分发挥自己的优势，同时克服不足，实现全面发展。在高中英语课堂中，教师可以通过差异化教学、让学生自主学习和交流等方式，为学生提供更加灵活和多样的学习环境，促进学生个性化学习发展。

素质教育要求教育教学注重实践，让学生在实践中学习成长。在高中英语课堂中，教师可以通过组织学生进行英语演讲、口语对话、写作等实践活动，让学生在实践中巩固知识、提高技能，培养实际操作能力和综合素质。

2. 注重启发式教育

启发式教育是一种基于启发思维的教育方法，它强调学生的主体地位，注重启发学生的思维，培养学生的思考能力、创新能力和解决问题的能力。在教学中，教师应该采用启发式教育，培养学生的学科思维，引导学生自主发现、自主思考、自主解决问题，使学生在学习中不断提高自己的认知水平和能力。

教师可以在课堂上提出一些启发性问题，激发学生的思考和兴趣，让学生自主探究答案。例如，教师可以在课堂上播放一段英文视频，让学生自主猜测视频内容、提出问题，并尝试回答这些问题。这种方式不仅能够激发学生的学习兴趣，还能够培养学生的思维能力和语言能力。

教师可以为学生设计一些启发性任务，让学生在任务中自主思考和实践，提高学生的创造性思维和实践能力。例如，教师可以让学生自己设计一份英语听力测试题，并互相交换答题，让学生在实践中掌握听力技巧、提高听力能力。

教师可以在课堂上引导学生进行启发性讨论，让学生自主表达看法、观点，培养学生的思辨能力和语言表达能力。例如，教师在教授一个主题或者文本的时候，可以让学生进行小组讨论，促进学生对该主题或文本的深入理解和掌握。

教师可以为学生提供一些启发性材料，如英语科普文章，让学生自主阅读和分析材料，提出问题、寻找答案、掌握知识、提高能力，促进学生自主学习和思考。

在高中英语课堂中，教师通过启发性问题、启发性任务、启发性讨论和启发性材料等方式，贯彻启发式教学理念，促进学生的认知和智力发展，提高学生的学习兴趣和学习效果。

（二）教学方法

1. 创设情景教学

情景教学是一种基于情景的教学方法，它将学科知识与实际生活情景结合起来，使学生在真实的情景中学习知识技能，提高学生的实际操作能力和综合素质。在高中教育中，教师可以通过创设情景教学，将学科知识与实际生活情景相结合，使学生更加深刻理解学科知识，更好地具备学科核心素养。

教师可以设计多种真实情景，例如，模拟购物、旅游、就餐等日常生活情景，让学生在语言交流中掌握相关的英语知识。

在创设情景时，教师要为学生提供充分的实践机会，让学生在情景中自主实践，提高学生的语言能力和实践能力，让学生在语言情景中全部使用英语进行表达和交流，同时教师根据学生的表现给予反馈和指导。

在情景教学结束后，教师应引导学生对情景中的表现和反应进行反思、总结，让学生讨论和总结自己在情景教学中的收获以及不足，让学生深入理解并掌握所学内容。

在创设情景的同时，教师可以将跨学科知识与语言学习进行整合，使学生在学习语言的同时，掌握其他学科的相关知识技能。例如，在情景教学中，可以涉及文化、历史、地理等相关内容，让学生在实践中学习跨学科知识。

2. 引导性教学

引导性教学是一种以学生为主体，以教师引导为主的教学方法，它要求教师巧妙引导学生主动思考、发现、解决问题，提高学生的学科思维能力和创新能力。

引导性教学的核心是让学生自主探究和解决问题。教师可以设计一些具体的问题和场景，如通过文本阅读、听力训练、口语表达等方式，引导学生进行探究性学习。在练习英语听力时，可以让学生自主选择听力材料，并通过提出问题、讨论和分享的方式，促进学生听力理解和表达能力的提高。

在引导性教学中，教师需要让学生承担更多的学习责任。教师可以提供一些资源和工具，让学生自主选择、组织和管理学习的内容和进程，同时教师需要及时给予学生反馈和指导。

引导性教学的目的是让学生自主探究和解决问题，因此在课堂中，教师提出开放性的问题，引导学生思考、讨论并表达自己的观点想法，提高学生的思考能力和表达能力。

3. 合作式学习

合作式学习是一种以小组为基本单位，学生分工合作，共同完成学习任务的学习方法。合作式学习的核心思想是“学生一起学习”，它强调激发学生的主动性和合作性，让学生在学习过程中互相帮助、互相学习，达到知识共享和协作学习的目的。

合作式学习能提高学生的学习兴趣和动力：通过小组合作学习的方式，学生可以互相激励，增强学习的积极性和动力；合作式学习能培养学生的合作沟通能力：合作式学习强调学生之间的合作交流，学生通过共同解决问题，培养他们的合作沟通能力；在合作式学习中，学生需要思考和分析问题，提出解决方案，从而提高思维能力；在小组合作学习中，学生可以共同学习和分享知识，达到知识共享的目的。

在高中英语课堂中，开展合作式学习可以帮助学生提高英语口语、阅读、写作和听力能力。教师可以根据学生的英语水平进行分组，或者根据学生的兴趣爱好进行分组，让学生在小组内更好合作学习。教师可以设计一些任务，让学生在小组内共同完成。任务可以是口语练习、阅读理解练习、写作练习或者听力练习，让学生共同解决问题和完成任务。教师可以在任务开始前向学生解释任务的目的和意义，指导学生如何分工合作，以及如何互相支持帮助。教师可以设立一些讨论时间，让学生在小组内共同讨论问题、分享思路和答案、提出解决方案，通过交流和合作来完成任务。学生任务完成后，教师可以引导学生对合作学习进行总结反思，了解学生的收获和困难，提供必要的指导帮助。教师可以要求学生写一份小结，让学生记录任务完成的过程并总结经验，讨论未来如何改进合作方式。

在高中英语课堂中，教师应该灵活运用合作式学习，让学生在合作中发挥自己的优势。同时，教师应该注重指导和反馈，引导学生形成积极的合作态度和良好的学习习惯。合作式学习是一种有益的学习方法，可以帮助学生提高学习效率和质量，培养学生的合作沟通能力，发展学生的思维能力和自主学习能力。因此，在英语教学中应该广泛应用。

（三）课程设计

落实高中英语学科核心素养需要在课程设计过程中关注学生的语言能力、学科知识、文化意识、学习策略、团队合作和交流能力。

1. 语言能力的培养

包括听、说、读、写、译五个方面。在课程设计中，应该设置有针对性的听力、口语、阅读和写作练习，帮助学生提高语言技能。

2. 学科知识的掌握

课程设计中应该设置一些课文分析和讲解，帮助学生深入理解英语的语言结构和语法规则。

3. 文化意识的培养

课程设计中应该设置一些关于英语国家文化、历史、地理等方面的内容，帮助学生了解英语国家的知识。

4. 学习策略的训练

在课程设计中，应该设置一些英语学习策略的讲解和训练，帮助学生提高学习效率和质量。

5. 团队合作和交流能力的培养

在课程设计中，应该设置一些小组活动，帮助学生培养团队合作和交流能力。

（四）评价方式

新课标理念下的高中英语教学评价方式应该综合考虑学生的语言技能、文化意识、思维品质和学习能力等多个方面，以促进学生全面发展。评价方式主要有以下7种。

1. 任务型评价方式

教师让学生在完成实际任务的过程中展示他们的语言能力、思维能力、合作能力和创新能力等，如制作英语广告、编写英文邮件等。

2. 综合性评价方式

教师通过考查学生的听、说、读、写等多方面能力，评价学生的英语语言能力。

3. 反思性评价方式

鼓励学生反思自己的学习过程，教师通过学生课堂笔记、学习日志等，评价学生的学习过程和反思能力。

4. 成就性评价方式

教师根据学生在英语学习中所取得的实际成绩，如英语考试成绩、英语比赛获奖情况等，评价学生的学习效果。

5. 合作能力评价方式

教师通过学生在小组合作学习过程中的表现，评价学生的合作能力，包括沟通能力、团队协作能力、问题解决能力等。

6. 创新思维评价方式

学生进行创新性活动，如创意写作、设计等，教师评价学生的创新思维能力、创造力和创新性。

7. 自主学习评价方式

通过学生的课堂笔记、学习计划、反思报告等，教师评价学生的自主学习能力。

这些评价方式可以体现学科核心素养的不同方面。教师需要考虑学生的不同能力和特点，选择合适的评价方式。此外，评价应该是多元的，综合考虑学生的学业表现和全面发展，促进学生自主学习和持续发展。在评价中，教师还应该注意及时给学生反馈，帮助学生认识自己的不足，学生及时调整学习策略，不断提高英语能力和综合素质。

第三节

文化意识与其他学科核心素养的关系

文化意识是高中英语学科核心素养之一，它涵盖了对英语所代表的文化及其价值观的理解和尊重，以及跨文化交际中对文化差异的认识和应对能力。具体来说，高中英语要求学生通过学习英语及相关文化，加深对英语国家文化的了解和尊重，理解其他文化背景下人们的思维方式和行为习惯，以及避免在跨文化交际中语言和文化误解，建立跨文化交流的桥梁。因此，学生可以阅读原版英语材料，了解英语国家的历史、地理、社会等方面的知识，加深对这些国家文化的理解。同时，学生需要学习跨文化交际的相关知识，如对文化差异的认知、礼仪、沟通技巧等，提高在跨文化交际中的适应能力。

文化意识作为高中英语学科核心素养的重要组成部分，它不仅能帮助学生更好掌握英语，更能培养学生的跨文化交际能力。教师应该通过多种教学方法和策略来培养学生英语学科素养中的文化意识，如引导学生了解和探索不同文化背景下的语言和交际方式，帮助学生开展跨文化交流活动和实践，以及给学生提供丰富的文化素材资源等。

一、文化意识与语言能力

语言能力指以听、说、读、写等方式理解和表达的能力，以及语感。英语语言能力构成英语核心素养的基础要素。英语语言能力的提高意味着文化意识、思维品质和学习能力的提升，有助于学生拓展国际视野，开展跨文化交流。下面着重讲一下语感。

语感是指个体对语言表达的直觉判断和感受。语感是一种直觉性的语言能力，它可以帮助学生更好地理解和运用语言，从而去交流和表达。语感并不是与生俱来的，它是一个人在长期的语言接触和学习中逐渐形成的。大量的听、说、读、写训练，可以让学生逐渐提高对语言的敏感度和理解能力，从而培养出语感。语感在语言学习和运用中具有非常重要的作用。具有较好语感的学生，可以更加准确地理解和掌握语言的运用技巧和表达方式，能够更加流畅地交流和表达。此外，语感有助于学生更好地欣赏和理解文学作品，深入挖掘作品的内涵和意义，从而提高学生的素养和审美。

学生可以通过跟读来提高英语语感，模仿英语材料中的语音、语调、节奏等。英语语感在英语学习和运用中具有非常重要的作用。

文化意识是语言学习中至关重要的因素之一。语言是文化的表达方式，学习语言就是学习文化的一种方式。在学习英语过程中，了解英语国家的文化背景、价值观、生活习惯等信息，可以帮助学生更好理解语言表达的意义和文化内涵，从而提高语言学习效果。

此外，学生在跨文化交际中需要遵循不同文化的语言习惯和礼仪规范，只有深入了解并尊重对方文化，才能够建立良好的交流关系。

因此，文化意识和语言能力是相互关联的，二者相辅相成，共同提高学生的语言学习能力和交际能力。

二、文化意识与思维品质

思维品质指思维在逻辑性、批判性、创新性等方面所表现的能力。思维品质体现英语学科核心素养的心智特征。思维品质的发展有助于学生提升分析和解决问题的能力，使他们能够从跨文化视角观察和认识世界，对事物作出正确的价值判断。

学习高中英语不仅学习语言，还要培养和提高思维能力。以下是几个与学习高中英语有关的思维品质。①批判性思维——在阅读英语材料时，学生需要评估和分析信息和观点，并在此基础上做出准确的判断和推理；②逻辑思维——英语中有很多逻辑关系和结构，学生需要能够分析和理解这些逻辑关系和结构，进行推理和演绎；③创造力——在英语写作和口语表达中，学生需要产生有创意的想法，独立思考和解决问题；④学习能力——英语是一门需要不断学习和积累的语言，学生需要具备快速、有效学习新知识和技能的能力，善于自我反思和总结；⑤沟通能力——英语是一门国际性的语言，学生需要具备清晰、准确表达自己的观点的能力，并理解他人的想法，以达成有效沟通交流；⑥决策能力——学生需要具备对事物进行分析和评估，以做出合理、有效决策的能力；⑦独立思考能力——学生需要独立思考，不轻易受他人影响和制约，在语言学习中能够发现并解决问题，探索和发现更多的知识和技能。

高中英语学习涉及多种思维品质，学生需要在实践中逐渐提高这些品质，以便更好掌握英语，为未来的学习和职业发展打好基础。

文化意识不仅能够提高学生的语言能力，还能提高学生的思维品质。了解不同文化背景下人们的思维方式和行为习惯，可以帮助学生拓宽视野，增强跨文化交际中的适应能力。同时，文化意识的培养能够促进学生的审美品位、文化素养和创新能力的提高。通过阅读英语文学作品、了解英语国家的历史和文化，学生可以感受到不同文化的魅力和艺术特色，从而培养自己的审美品位和文化素养；深入理解不同文化的思维方式和行为习惯。

第四节

文化意识的评价指标及解读

文化意识是指个体对自己所处的文化环境的认知、理解和感受，是一个人在文化交流中对文化认同和自我价值的认知与理解，是人类文明发展的重要组成部分。在当今世界文化多元化的环境下，具有良好的文化意识是一个人高素质的重要标志。因此，文化意识的评价指标及解读具有重要意义。

一、对文化背景知识解读

文化背景知识指标主要用于评估学生对于不同文化背景和社会文化习俗的了解程度。一个具备一定文化背景知识的人能够较好理解和运用英语语言和文化的基本知识。

提升学生的文化背景知识需要多种综合运用途径，教师可以根据教学内容和学生的特点，选择不同的方法和手段，帮助学生在学习过程中全面提升文化背景知识。

阅读经典名著是提升学生文化背景知识水平的有效途径之一。这些经典名著通常涉及历史、文学、艺术等方面的知识，可以让学生深入了解不同文化背景和社会文化习俗，加深对文化差异的认知。

通过开展校内国际文化交流活动，学生有机会与不同国家和地区的人进行交流，了解他们的文化背景和社会文化习俗，增加学生的跨文化交际能力和文化背景知识。通过亲身体验参与，学生可深刻理解文化差异，从而增加文化背景知识。

通过参观博物馆、历史遗迹、艺术展览等活动，学生加深对文化背景的了解，进一步增加文化背景知识。

检测学生的文化背景知识需要多种综合运用途径，教师可以根据教学内容和学生的特点，选择不同的方法和手段，全面了解学生的文化背景知识水平。

检测学生的文化背景知识可以从以下两个方面入手：教师可以在测验中增加一些与文化背景有关的题目，这种方法的优点是能够量化学生的文化背景知识水平，同时能够判断学生对文化背景知识的掌握程度；教师可以组织学生进行小组讨论，让学生讨论、分享不同的文化背景知识，这种方法的优点是可以帮助学生更好理解和运用文化背景知识。

二、对跨文化交际能力解读

跨文化交际能力指标用于评估学生与来自不同文化背景的人进行有效交流互动的能力。具备较好跨文化交际能力的人能够解决跨文化沟通中的问题误解，使交流更加顺畅。

教师可以让学生在真实的情景中练习跨文化交际，这样能够让学生更好体验到跨文化交际的挑战和乐趣，也能够帮助学生更好理解不同文化之间的差异。

在教学中融入多元文化的内容，让学生了解不同文化之间的异同，增强对不同文化的理解和尊重，同时可以让学生了解、学习不同文化，更好掌握跨文化交际的技能。

针对跨文化交际中的不同技能，如跨文化沟通、文化适应性、文化解读等，对学生进行有针对性的培训和训练，提高跨文化交际的能力。

教育学生要具有跨文化敏感性，了解不同文化之间的差异和冲突，以及如何适应和处理跨文化交际中的问题。同时需要培养学生的文化自信心，让学生能自信地展示自己的文化，并且能够尊重不同文化的观点和习惯。

提供更多的跨文化交际实践机会，如组织跨文化交流活动、进行文化考察等，让学生有更多的机会接触不同文化，增强跨文化交际的能力。

检测学生的跨文化交际能力需要综合考虑学生的语言能力、文化知识和跨文化交际技能等多个方面的内容。教师可以通过多种方法和手段来评估学生的跨文化交际能力，以便更好地指导学生提高跨文化交际能力。

三、对文化创新能力解读

文化创新能力指标用于评估一个人是否能够运用英语语言和文化的知识、技能来创新，发掘和表达自己的文化独特性和创造性。具备较好文化创新能力的人能够在跨文化交流中更好表达自己国家的文化独特性，同时能够更好理解和欣赏其他文化的独特之处。

学生可以通过参观博物馆、看艺术展览、参加文化节庆活动等方式进行文化体验。这样的体验可以帮助学生了解不同的文化传统、文化价值观、艺术表现形式等，并激发他们的文化创新思维。

教师可以设计一些开放式创新活动，鼓励学生发挥创新思维，以文化为主题进行创新实践，如可以组织文化创意比赛、文化艺术展示等，让学生充分发挥想象力和创造力，提升他们的文化创新能力。

教师可以设计一些以文化创新为主题的课程，引导学生思考文化创新的理论和实践问题，激发他们的文化创新思维和创新能力。

可以使用多种评估方法检测学生的文化创新能力，如可以让学生设计文化创新作品，展示他们的文化创新能力。这些作品可以是文化创意产品、文化创新方案等。教师对这些作品的创意性、文化内涵、实用性等方面进行评估。教师可以引导学生通过跨文化交流合作项目等方式展示他们的文化创新能力。学生可以参与设计、实施文化交流项目、创新实践项目等，通过项目的实践来体现自己的文化创新能力。教师可以对项目的成果、实施过程等进行评估。可以组织一些文化创意比赛，展示学生的文化创新能力。可以设计有关文化创意思维题目，测试学生的文化适应能力、跨文化交流能力、创新思维等。通过测试结果来了解学生的文化创新能力。教师还可以通过案例分析的方式来了解学生的文化创新能力，如文化创意产品成功案例、跨文化交流成功案例等。

第二章

文化意识

第一节

文化

文化是一种社会现象，它包括了一个社会或群体所共同拥有的各种价值观、信仰、行为模式、语言、艺术、习俗、传统和历史等。文化是人类社会发展的产物，是人类社会在不同历史时期、不同地域、不同社会阶层和不同族群中所形成的共同思想和行为模式的总和。文化可以被视为人类社会中人们共同的意义和认知的体系，它可以包括语言、哲学、道德、文学、音乐、舞蹈、戏剧、电影、电视、体育、节日、饮食、服装、建筑、科学、技术等方面。文化影响着人们的生活方式、思想观念、行为方式、社会习惯等方面。

“文化”是一个含义非常丰富的词语，《周易》中提到，“观乎天文，以察时变；观乎人文，以化成天下”。这句话说的是通过观察天地运行的规律来认知时节的变化，通过注重伦理道德使人们的行为符合文明礼仪。《辞海》对“文化”的定义为人类在社会历史发展过程中所创造的物质财富和精神财富的总和。根据上述释义，文化可以分为物质文化、精神文化两个维度。

英国学者爱德华对“文化”进行学术概念界定，他在《原始文化》中将文化界定为包括知识、信仰、艺术、道德、法律和习俗以及社会成员的任何能力。需要说明的是，他的定义主要将文化归为抽象的内容，而非具体的实物。此外，对于文化的研究有一部不能错过的著作：《文化，关于概念和定义的检讨》。在这本书中，作者列举了全世界知名的社会学家、人类学家、哲学家等学者对文化的定义，该书将文化的定义分为描述性的定义、历史性的定义、规范性的定义、心理性的定义、结构性的定义和遗传性的定义，分别从不同的角度来解释什么是“文化”。

现实的情况就是每个人都可以说“文化”，但是每个人的“文化”概念各不相同。尽管如此，不同的学者基于不同的立场对“文化”赋予不同的定义，每一个定义都有其侧重的方向和学术理论视角。

到目前为止，对“文化”一词有许多种解释，而学术界却无法确定哪种解释是最好的，定义的困难关键在于“文化”的抽象本质，它既可以是物质的，也可以是非物质的，它可以被理解为一个实体或一个形象。早在两千多年前，古罗马哲学家西塞罗就提出文化等同于哲学或心灵的培养。很明显，文化与个人思维的发展有关，从而与知识、智慧和理解的获得有关。这涉及英文中文化的原始含义：培养。它来源于拉丁语动词“colo”，意思是耕种、繁殖、培养等。将这一原理应用于人类，即拓展心灵的修养，实现完美的人格，已成为文化的历史使命。

在社会学领域，国内有学者认为，文化是由主观文化、结构文化、戏剧文化和制度文化组成的。主观文化主要由思想、情感、信仰和价值观组成，这是常见的定义之一。结构文化是由行为模式、生活方式和某些关系结构组成的。至于戏剧文化，它由一系列表达社会结构特征的符号组成，对这种文化概念的研究大多强调文化与社会结构相互融合的特点。与个人或群体内部的“主观文化”概念相比，戏剧文化被认为具有外部或独立于个人或群体意识的“社会事实”的特征。制度文化由风俗、宗教、道德、政治和法律组成。

在生态学上，文化具有与生命相似的特征，而文化系统的存在也与生态系统相似。在某一历史时期，文化系统内的各种特定形式相互影响、相互作用和限制，从而使人类文化持久。在文化的生态进化过程中，总是有两种力量：一种是维持文化稳定的力量，表现为文化的生态继承；另一种是创造的力量，表现为文化的生态变异。这两种力量经常发生对抗和摩擦。文化的生态遗传和变异从时间维度上反映了文化进化的特征。

中国的教育领域将文化分为两方面：物质方面主要包括食品、服装、建筑、交通和旅游，以及相关发明创作等；精神方面主要包括哲学、科学、教育、历史、文学和艺术，以及价值观、道德修养、审美品位、社会规范和习俗等。

总之，文化的定义仍然是一个有争议的话题。但有一件事是明确的，那就是文化的核心是人。只有人类才能创造出文化，不同种族和民族的人有不同的文化。文化的众多定义表现了文化、人与社会之间的密切关系，不仅揭示了文化与人类社会进程的关系，也反映了文化对个人权利、利益、自由和生活条件的影响。

第二节

文化自信

文化是一个国家和民族的灵魂，学生是一个国家的未来和一个民族的希望。近年来，文化自信引起了广泛关注。外国学者很少直接谈论文化自信，而大多阐述文化价值和文化认同的重要性。

文化自信在社会、经济等学科的研究中具有重要价值。约瑟夫·奈在《软实力》中提出了“软实力”的概念，并说明了软实力中最重要的因素是文化。萨缪尔·亨廷顿在他的著作《文明的冲突与世界秩序的重建》中指出，文化差异取代了意识形态，成为全球冲突的根本原因，并提出了“文明的冲突”的理论。所有这一切都表明，从古至今，文化对国家的存在和发展的价值是不可忽视的。

文化认同方面，在《文化认同与全球性过程》一书中，乔纳森·弗里德曼通过比较，分析了人类学的出现和发展使不同的国家形成了自己的或外部的民族和文化身份。此外，外国学者得出结论，文化认同将对社会稳定、民族统一甚至学科研究的方向产生重要影响。例如，亨廷顿认为，文化共性促进了凝聚力，而文化差异则加剧了冲突。乔纳森认为文化的变化影响了当前人类学研究的转变。可以看出，虽然外国学者没有直接提出和研究“文化自信”，但他们对文化价值观和强调文化认同等文化观念的探索，反映了文化的根本作用，也为文化自信的研究奠定了基础。

胡锦涛提出高度的文化自觉和文化自信的讨论后，国内学者对文化自信的研究大幅增加。习近平总书记一再强调文化自信的重要性，党的十八大以来，文化自信的内涵得到了广泛讨论。文化自信是指文化主体对自身文化的肯定和对自身文化发展的自信。换句话说，文化自信是一种稳定的文化主体心理，意味着包含先进的马克思主义文化和优秀的中国传统文化在内的文化内容的自信。

习近平总书记指出，文化自信是一个国家、一个民族发展中最基本、最深沉、最持久的力量。向上向善的文化是一个国家、一个民族休戚与共、血脉相连的重要纽带。增强文化自信，需要对历史和传统文化、革命文化、民间文化、当代中国文化进行理性审视，以及对世界历史文化、外国文化、现代文明成就宽容和借鉴。它可以概括为个人、民族、国家对自身文化价值的充分信任和肯定，以及对自身文化活力的坚定信念。

中国的文化自信不仅包括对自身文化价值的充分肯定，还包括克服对西方文化的盲目崇拜。党的二十大报告指出，推进文化自信自强，铸就社会主义文化新辉煌。文化自信是一种基本和深刻的力量，支撑着民族和国家的发展。文化是一个民族和国家的灵魂，代表着国家的繁荣和力量。

英语教材和英语教育具有塑造学生文化自信和传播中国优秀文化的使命，高中英语教学需要突破以西方为中心的文化视角，有必要在文化自信的背景下研究英语教材中的文化内容。只有对自己的文化保持自信，才能为学习外国知识和文化奠定基础。在英语教学课程中，必须利用部分本土文化来进行教学和比较，避免了英语教学中本土文化的缺失。

在高中英语课堂教学中提升学生的文化自信，可以从以下几个方面入手。

1. 强化文化意识

通过课堂教学引导学生对自己文化有认知和了解，包括历史、传统文化、价值观念等，增强文化认同感和自信心。让学生通过阅读经典文学作品、历史故事等，感受国家文化的魅力；引导学生了解其他国家和文化的历史、传统、价值观等，通过比较和分析，让学生认识到不同文化的独特之处和相互关联，从而拓宽视野，增强文化自信；让学生认识文化艺术作品，感受文化艺术的魅力和多样性，增强对国家文化的认同感和自信心；引导学生了解社会制度、法律法规等，让学生认识到国家的社会发展现状，从而增强对国家的认同感和自信心。

2. 丰富文化素材

在教学中使用文学、电影、音乐、绘画等多种文化素材，帮助学生更深入地了解文化内涵，树立正确的价值观念，增强审美，使学生全面地欣赏、分析和理解不同文化的特点，从而提升文化自信心。将著名的外国文学作品引入教学，帮助学生了解不同文化的思想、价值观和审美观，并通过分析文学作品中的语言特点、文化背景等来培养学生对文化的敏感性；影视资源可以让学生更直观地了解不同文化的生活方式、习惯、价值观念等，通过分析外国电影、电视剧等影视作品中的文化元素，学生可以更加深入地理解文化异同；还可以引入其他艺术领域的作品，让学生更全面地了解不同文化的艺术表现形式和特点；教学中引入互联网资源，如在线图书馆、数字化博物馆、其他文化网站等，帮助学生更加便捷地获取丰富的文化资料，从而更好地了解不同文化。

3. 开展文化交流

各种形式的文化交流活动，包括文化节、文化体验活动等，是提高学生文化自信的非常好的途径。例如，可以邀请来自不同文化背景的人来学校演讲或分享经验，或者组织学生去参观各种文化展览。这些活动可以让学生了解其他文化的不同方面，拓宽视野，增强对不同文化的理解和尊重，从而增强文化自信。学生可以申请参加交换学生项目，去其他国家或地区的学校交流学习，体验当地文化，同时向当地学生展示自己国家和文化的特点。国际夏令营可以让学生有机会和来自其他国家和地区的学生互相交流语言和习俗，进行文化碰撞。学生可以参观当地的博物馆、美术馆、历史遗迹等，了解自己国家和其他国家的文化背景及历史渊源。学生可以自己组织文化活动，如文化展览、文艺演出、美食节等，向同学们展示自己对文化的理解和认识。学生可以通过网络平台与其他国家和地区的学生交流，如使用邮件、社交媒体等，探讨各自的文化，增进彼此的了解和交流。

4. 鼓励多元化思维

在英语教学中，教师引导学生发掘多元文化视角，关注不同文化背景下的价值观念和生活方式，培养学生开放、包容、多元的文化视野，从而增强文化自信心和自我价值感。多元化思维在提高文化自信心方面发挥着重要的作用。引导学生分析和比较不同文化之间的异同，了解不同文化背景下的价值观念、艺术风格、生活方式等，并鼓励学生自由表达想法，尊重和欣赏不同的观点看法，培养学生包容的思维。

总之，提升学生的文化自信心需要结合多种方法，在教学中注重引导和实践，让学生从多个角度认识和体验文化，从而增强自己的文化认同感和自信心。

第三节

文化意识

在最基本的层面上，文化意识可以被定义为对文化的一种有意识的理解。文化意识的概念强调了语言学习者需要理解他们自己的文化和其他文化中的规范、信仰和行为。此外，所有的语言学习者都有一个共同的目标，即提高对文化和语言的理解，从而成功实现跨文化交流。

有国外学者表示，文化意识包括逐步发展对文化平等的内在意识，对自己和他人文化的理解，以及对文化如何相互联系和分化的积极兴趣。文化意识的提高有助于语言学习者拓宽思维，增进宽容，并实现文化同理心和敏感性。根据一些国外学者的研究，文化意识包括三个方面：对自己的文化诱导行为的意识；对他人的文化诱导行为的意识；解释自己的文化立场的能力。

文化意识还指语言的背景、场景、联系和语言所代表的事物的文化意义。语言中的许多现象必须从文化背景来考察，才能得到更合理的解释，即语言的社会文化现象。因此，任何一种语言都反映了深刻的社会和文化内涵。

一、学生方面

《普通高中英语课程标准（2017年版2020年修订）》对文化意识的描述非常全面，为英语课程的研究奠定了基础，它强调了语言教学中的文化教育不应被忽视。因此，许多教师逐渐意识到向学生传授语言使用的文化背景的必要性。然而，文化意识的培养和文化教育还有很长的路要走，学生要具有以下几种文化意识。

1. 历史文化意识

学生应该了解自己国家和世界各国的历史事件和重要人物，以及这些事件和人物对当今世界的影响；理解不同时代的文化背景和社会背景，包括社会多方面的变化和影响；掌握历史上的一些重要文化成就和发展趋势，如中国的四大发明、欧洲文艺复兴等；了解文化遗产的保护和传承，以及各种文化活动和节日的历史渊源和背景。通过学习历史文化，学生可以更好地认识自己和世界，加深文化认同和文化自信心，同时可以从历史中汲取智慧和启迪，为未来的人生和事业奠定基础。

2. 艺术文化意识

学生应该了解各种艺术形式，包括文学作品、音乐、电影、绘画等，从中汲取文化养分，培养审美能力。具体来讲，学生应该了解不同类型的文学作品，如小说、诗歌、戏剧等，同时要了解各种文学流派和代表作品；学生应该了解不同类型的音乐作品，包括古典音乐、流行音乐、民族音乐等；学生应该了解不同类型的电影作品、电影的拍摄技巧和表现手法，还应了解各种电影流派和代表作品；学生应该了解不同类型的绘画作品，如国画、油画等，还应了解各种绘画流派和代表作品。通过了解艺术作品和艺术形式，学生可以增长审美和文化兴趣，培养对艺术的欣赏和理解能力，同时可以激发创造力和想象力，为自己的人生和事业打下良好的文化基础。

3. 社会文化意识

学生应该了解不同文化背景下的社会结构和文化体系，包括政治制度、经济发展、文化传统等；学生应该了解不同文化背景下的价值观念，包括道德规范、人际关系、家庭观念等；学生应该了解不同文化背景下的风俗习惯和节日文化；学生应该了解不同文化之间的交流和冲突，包括文化交流的意义和价值、文化冲突的原因和影响等。通过了解以上内容，学生可以增强对不同文化的尊重和理解，培养跨文化交流和交往的能力，同时可以拓宽自己的思维视野，增进对社会的认识和理解。

4. 科技文化意识

学生应该关注科技的发展对文化的影响，理解科技与文化之间的互动关系。学生应该了解科技发展的影响，如对经济、教育、医疗等领域的影响，探索科技与社会发展之间的互动关系；学生应该了解数字化和网络化的发展对社会和文化的影响，包括对媒体、教育、娱乐等领域的影响，了解数字化和网络化与传统文化的融合和碰撞；学生应该了解科技发展所涉及的伦理和社会责任问题，包括隐私、人工智能、基因编辑等领域的问题，了解科技的利弊，思考科技道德和社会责任。通过了解科技发展对社会文化的影响，学生可以增强对科技的认识和理解，发展创新思维，提高科技素养，同时可以增加对数字化和网络化的认知和理解，培养科技伦理和社会责任感。

二、教师方面

以上是学生应该具备的文化意识，高中英语教学中，教师可以通过以下方式来培养学生的文化意识。

1. 引入文化背景

在教学中适时引入相关的文化背景，让学生了解与所学内容相关的文化知识。例如，在教授外国文学内容时，教师可以适当介绍相关的历史和文化背景，让学生更好理解文学作品；在讲解关于外国文化的课文时，教师可以介绍一些外国的传统文化活动或节日，如感恩节、万圣节等；教师还可以向学生展示外国的标志性建筑、历史名胜、风俗习惯等相关的图片或视频，帮助学生了解外国文化的多样性。

教师可以提供一些有关文化背景的阅读材料帮助学生深入了解文化背景，同时提高学生的阅读能力。教师可以通过创设情景，帮助学生更好地理解文化背景。例如，在教学中创设一个国际旅游团的情景，让学生扮演旅游者，在这个情景中了解目的地国家的文化、风俗。适时引入相关的文化背景，可以帮助学生建立更加全面的知识框架，增强学生英语学习兴趣。

2. 多元文化教学

在教学中注重多元文化教学，让学生了解不同文化背景下语言和文化的差异，例如，选择多元化的教材，让学生了解不同文化背景的作者和作品，如非洲文学、印度文学等，从而促进学生对不同文化的理解。在教学中，教师可以让学生模拟跨文化交流的情景，鼓励学生用英语交流不同文化背景下的习俗、礼仪，了解文化差异，从而增强学生的文化认知能力。为了让学生了解不同文化背景下的语言和文化差异，教师可以设计一些文化差异探究的活动，如让学生收集来自不同文化背景的节日习俗或食物文化等素材，并展开讨论。在教学中采用多元化的教学方法，如小组合作学习、互动式教学等，鼓励学生相互分享来自不同文化背景的经验和知识，从而促进学生之间的跨文化交流。通过多元文化教学，可以让学生了解不同文化背景下的语言和文化差异，培养学生的文化敏感性和跨文化交流能力。

3. 文化交流活动

在教学中开展文化交流活动，如英语角、文化讲座、文化展览等，让学生通过互动交流了解不同文化背景下的价值观念、风俗习惯等，培养跨文化交流和交往的能力。开展文化交流活动是培养学生文化意识的一种有效方式。有国际学生的班级，在英语教学中，教师可以设计让学生展示自己国家或地区的节日文化，如春节、感恩节等，让其他学生了解这些节日的传统和文化背景；让学生带来自己国家或地区的特色食品，并分享其文化背景和历史故事；让学生带来自己国家或地区的艺术品的图片，让其他学生了解不同文化背景下的艺术风格和特色；让学生根据自己的兴趣，选择一个与自己国家或地区相关的话题，进行演讲比赛，比如，介绍自己国家的历史和文化、介绍著名的艺术家、介绍家乡的自然景观等；让学生在班级中进行翻译比赛，将来自不同文化背景的文章等翻译成英语，并解释其中的文化背景和含义。这些文化交流活动可以促进跨文化交流和理解，同时提高学生的语言表达和沟通能力，使学生更好地适应全球化的挑战。

4. 文化素材应用

教师应在教学中注重文化素材的应用，例如，让学生分析文化背景下的语言和词汇，如美式英语和英式英语的差异，加深对文化的理解和应用。教师可以将文化背景与语言学习结合起来，让学生了解词汇、语法和表达方式背后的文化含义，例如，在教授“礼貌用语”时，可以介绍不同国家的礼貌用语，并让学生模仿使用。教师可以在阅读理解教学中，引入相关的文化背景，让学生了解文章中的文化元素，如传统节日、文化习俗、历史事件等，这样可以提高学生的阅读理解能力，同时培养学生的跨文化交流能力。在写作教学中，教师可以让学生在作文中引入相关的文化背景，反映文化特色和价值观。例如，学生在写作中需要描述一道传统菜肴，介绍其文化背景和制作方法。在英语教学中，注重文化素材的应用，可以帮助学生更深入理解英语语言和文化，同时提高他们的跨文化交流能力和文化自信心。

通过以上方式，可以帮助学生在英语学习中逐渐建立起文化意识，提高跨文化交流和交往的能力，提高学生的英语综合素质。

第三章

教材中的文化知识

第一节

文化和语言

文化和语言是密切相关的，它们之间有着相互影响和相互依存的关系。首先，语言是文化的重要组成部分。语言不仅是人们进行交流和表达的工具，同时是文化价值观、信仰、习俗、传统等的体现。不同的语言包含着不同的文化内涵和历史背景，如中文中的“季节”和英文中的“seasons”，虽然表达的是同样的概念，但呈现出不同的文化背景。其次，文化影响着语言的使用和发展。人们使用语言的方式，如词汇、语法结构等都会受到文化的影响。例如，在一些文化中，礼貌和尊重被视为非常重要的价值观，因此在使用语言时，人们会更加注重使用礼貌用语和尊重他人的表达方式。最后，语言有助于传承和弘扬文化。通过语言的传承，人们可以保留并传承自己的文化，同时可以传播自己的文化，让更多的人了解和接受自己的文化。例如，中文的成语、俚语等都是中国文化的重要组成部分，通过语言的传承和使用，这些文化元素可以得到广泛传播。

语言本身具有一种强大的情感力量，积极、高贵、有活力。语言和文化之间的基本关系表明，文化差异的细微差别无疑代表微妙的情感对比——不同的策略处理基于情感，而不是理性因素。

文化和语言是密不可分的，语言是人们进行交流和表达的工具，是文化的一部分，同时是文化的表现形式之一。文化包含了人类生活的方方面面，如价值观、信仰、习俗、艺术等，它们的表达和传承都离不开语言。

语言是文化的载体。语言是一种符号系统，它用来表达思想、情感和文化价值观。不同语言的差异反映了不同文化的差异，而且语言的使用可以反映人们对不同文化的态度和立场。语言是人类交流和传递信息的重要手段，而每种语言都反映了其所属文化的特征和价值观念。语言不仅包含着词汇、语法和语音等方面的内容，还包括与其文化背景紧密相关的一系列内容，如礼仪、习俗、信仰、历史等。学习和掌握一门语言的过程，也是接触和学习其所属文化的过程，这个过程会不可避免地接触各种文化元素并在我们的语言使用中得到体现。

文化影响语言的使用。文化背景决定了人们的思维方式和行为习惯，也影响着语言的使用。同一种语言的同一词汇在不同文化背景下可能有不同的含义和用法，因此，了解不同文化的语言使用规范和习惯对于跨文化交际至关重要。每种语言的词汇和语法反映了其所属文化的特征和历史发展。在不同文化背景下，人们会使用不同的礼仪，例如，在一些亚洲国家，人们在交谈时会使用敬语，以表达对对方的尊重和敬意。

每种语言都有自己的俗语，它们不仅是语言表达的一种形式，更是文化传承的一种方式。俗语通常会反映出所属文化的价值观念和智慧。

在不同地区的文化背景下，人们可能会有不同的方言和口音，这些方言和口音也会反映出其所属文化的特征和历史发展，因此文化的影响在语言使用的各个方面都能够体现出来。

语言的传承和变革不仅是语音、语法、词汇等层面上的演变，更反映了文化的演变。在历史和现实中，语言的演变与文化的变革相互关联，如文化的多元化和全球化对语言产生影响，也影响着人们对文化的认知理解。语言传承和变革是文化演变的重要反映。语言是一个社会的文化和历史的产物，反映了社会和历史的变迁。随着时间的推移和社会的发展，语言也会发生变化，新的词汇、语法和表达方式不断涌现，旧的词汇、语法和表达方式则逐渐被淘汰。这种语言的变化不仅是语言结构和形式上的改变，更是文化和社会背景的变化所带来的语言意义和用法上的变化。了解文化与语言之间的关系，可以帮助我们更好理解和应用语言，同时可以促进跨文化交际和文化交流时的理解和尊重。

语言是文化的载体，学生了解英语的文化背景可以更好地理解英语的含义、用法和表达方式，从而提高英语学习效果。

语言不仅是单词和语法的组合，它还承载着特定的文化价值和认知方式。了解英语文化可以帮助学生更好理解跨文化交流中的差异和特点，从而更好进行跨文化交流和合作。

了解文化可以帮助学生用英语更准确地表达自己的意思，更好地理解英语表达的含义和方式，从而提高语言表达能力，避免英语交流中遇到误解和困惑。

了解文化背景可以帮助学生更好地理解英语口语交流中的非语言信息，如手势、面部表情、音调等。在不同的文化背景下，这些非语言信息的含义可能会有所不同，因此了解文化背景可以帮助学生更准确理解和运用这些非语言信息，从而提高口语表达的准确性和流利度。对于学习英语的学生而言，了解非语言信息可以帮助他们更好理解和运用英语，避免因为语言障碍而导致交流失败。

第二节

文化知识

文化知识是人们对于不同文化领域的了解、认识和总结，如文学、音乐、历史、哲学、习俗等领域。这些知识不仅是对于事实的掌握，更涉及对于文化的理解，以及对于文化的情感态度和价值判断。在现代社会，由于全球化，人们需要具备跨文化的视野和能力，有各种文化知识储备，了解和尊重不同的文化。因此，文化知识在现代社会中显得尤为重要。学生应学习以下几个方面的文化知识。

一、历史知识

学生学习历史知识，可以帮助他们更好认识自己和世界。了解历史事件和历史人物可以让学生更深入地理解人类社会的演变，以及人类的思想、文化和价值观念的形成与变迁。通过研究历史，学生可以了解过去的经验和教训，从而理解和应对当前和未来的挑战。同时，历史是人类文化遗产的一部分，它记录了人类的创造和发展历程，反映了人类智慧和文明的丰富多彩。通过学习历史，学生可以更好理解和欣赏人类文化的多样性和丰富性。此外，了解历史可以帮助学生理解当前的经济和社会现象，从而参与社会生活，为社会的进步和发展作出更有意义的贡献。

教师可以通过以下几种方法增长学生的历史知识。一是让学生阅读与历史事件和历史人物相关的英语文学作品，如历史小说、传记等；二是组织观看英语历史电影或纪录片；三是在课堂上组织讨论历史的问题，如为什么会发生某个历史事件、该历史事件的影响和意义等，让学生思考和分析历史事件，增长历史知识；四是模拟历史情景，如模拟历史人物、历史事件等。

二、文学知识

文学是文化的重要组成部分，通过阅读和研究不同的文学，学生可以更深入了解不同文化的价值观和审美观。不同的文学作品代表了不同的文化传统和思想体系，反映了不同时代和社会背景下人类的生存状态、情感体验和精神追求。文学作品也是艺术的重要形式，通过阅读和欣赏文学作品，学生可以领略艺术的魅力和美感，提高自己的审美水平，发展个人的文化素养和审美能力。对文学创作技巧的了解，也可以帮助学生创作和欣赏文学作品。文学创作技巧涉及文学形式、叙事方式、语言运用等，通过学习和应用这些技巧，学生可以提高文学创作和阅读的能力，发现和欣赏更多优秀的文学作品。

教师可以通过以下几种方法增长学生的文学知识。一是教师可以在课堂上让学生阅读英语文学作品，让学生了解不同文学流派和风格，提高阅读理解和文学欣赏能力；二是教师可以带领学生对文学作品进行分析，让学生学习文学创作技巧、表现手法和主题思想；三是教师可以让学生用英语写作，并让学生运用了解到的文学创作技巧，提高学生的英语写作能力；四是教师可以组织学生进行课堂演讲和讨论，让学生分享自己的文学观点。

三、哲学知识

哲学是人类思维的高度抽象和深度反思。不同的哲学学派和思想体系代表了不同的文化传统和价值观念，反映了不同的思考方式和哲学思维，从而帮助人们更深刻地理解人类的思维和行为方式。哲学是人类智慧的结晶，通过学习和应用哲学思想理论，人们可以更好地解决人生中的难题，提高思考和判断能力，更好应对复杂的社会现实。哲学也是人类文化传承的重要组成部分，通过研究哲学，人们可以更好了解人类文化的演变和发展，领悟人类文化的多样性和丰富性，从而欣赏和理解不同文化的异同。

教师在英语课堂中可以通过引入哲学主题增长学生的哲学知识，通过这些主题，学生可以了解不同的哲学思想理论。教师可以在课堂上让学生阅读经典哲学著作、哲学论文等，让学生了解哲学思想理论的源头和演变。教师可以组织学生进行哲学问题的讨论，让学生了解不同的哲学观点和思考方式。教师鼓励学生进行哲学探究，让他们思考哲学问题，探讨哲学的多样性和复杂性。

四、艺术知识

学生可以了解不同的艺术形式，如绘画、音乐、舞蹈、戏剧等。

不同文化的绘画作品可以反映出不同的绘画风格、主题和意象，不同文化的音乐作品可以反映出不同的音乐曲式和节奏，不同文化的舞蹈作品可以反映出不同的舞蹈形式、动作和意义，不同文化的戏剧作品可以反映出不同的剧情和表演方式等。

教师可以通过以下几种方法增长学生的艺术知识。一是为学生播放艺术相关的英语电影短片，如关于绘画、音乐或舞蹈的纪录片或艺术家的传记片；二是教师用英语向学生介绍相关的艺术知识，如莫奈的印象派画作、巴洛克音乐的特点等；三是鼓励学生自己进行艺术创作，如让学生自己创作一幅画或写一首诗歌并用英语描述。

第三节

教材中的文化知识

在现代教学理论中，英语教材指所有有利于语言学习的材料和所有有利于学生提高知识、发展技能和培养交际能力的材料或形式。英语教材包括教科书、练习册、教师用书、活动手册、视听材料、课件等，它共同反映了我国的思想和教育哲学，是教师教学和学生学习的主要基础。

高中英语教材涵盖了丰富的中外文化知识，旨在帮助学生全面了解英语国家和其他国家和地区的文化，增强跨文化交流的能力，提高对世界各地文化的认知理解。

一、教材中英语国家的文化知识

教材涉及英国、美国、加拿大、澳大利亚等英语国家的传统节日、历史、文学作品、地理、流行文化等方面的知识。英语国家的文化知识以多种形式呈现，如可阅读的文字材料、听力材料、图片和视频等。通过学习这些文化知识，学生可以更加全面地了解英语国家的文化，同时能够提高语言的应用能力和跨文化交流的能力，为未来的学习和工作打下坚实的基础。

二、教材中中国的文化知识

其包括我国的历史名胜和文化遗产、传统节日、饮食等方面的知识。通过学习这些知识，学生更加深入了解我国的历史文化，增强自身的文化自信和民族自豪感，同时这有助于提高英语综合运用能力和跨文化交际能力。

高中英语教材中的中国文化知识以多种形式呈现，一些课文会介绍相关的中国文化，如古代的诗词、传统节日等。教材中还设置了一些独立的文化专题单元，涉及中国文化的多个方面，如中医、中国茶文化等。在英语语法和词汇教学中，也会涉及一些与中国文化相关的语言点，如成语等。有的高中英语教材还提供了一些课外阅读材料，其中有不少关于中国文化的文章。教材中也会配一些与中国文化相关的影视材料，如有关传统节日的视频，或者是介绍名胜古迹的短片等。学生可以在学习英语的同时，了解我国的历史、风俗等方面的知识，这有助于提高跨文化交流能力，增强学生的文化素养。

三、教材中其他国家和地区的文化知识

教材中涉及法国、西班牙、印度、日本、韩国、墨西哥、巴西等国家和地区的文化知识，涵盖美食、民俗、景观等。例如，日本的和服、浮世绘等；法国的埃菲尔铁塔、卢浮宫等。学习其他国家和地区的文化知识，有助于扩展学生的跨文化视野，加深对不同文化的理解

尊重，提高跨文化交际的能力。

这些国家和地区的文化知识在高中英语教材中同样以上文描述的形式呈现。

四、教材中的艺术和体育文化知识

教材涉及音乐、电影、戏剧、绘画、体育等方面的知识，帮助学生了解不同类型的艺术和体育。在艺术方面，教材里有一些英语国家的艺术家、作品和风格，如英国的莎士比亚和他的剧作、美国的安迪·沃霍尔和他的流行艺术作品等。在体育方面，教材里介绍一些体育项目，如篮球等，还会涉及一些国际性的体育比赛和文化交流活动，如奥运会、世界杯等。

学生学习英语课本中的文化知识，不仅能够加深对各个国家文化的认识和理解，还能够拓宽知识面和视野，培养跨文化交流的能力，增强综合运用能力，以及提升语言表达和沟通的能力。此外，通过学习文化知识，学生能避免跨文化交流中出现文化误解和冲突，同时可以更好展示和传播自己国家的文化，增强文化自信心。因此，学习英语课本中的文化知识具有非常重要的意义。

第四章

高中英语课堂教学中对文化意识的培养

第一节

听说课中的文化意识培养

听说课是英语教学中非常重要的一个环节，设计好听说课对于帮助学生提高口语表达和交际能力、培养学生的文化意识非常关键。首先要明确听说课的目标，教师要确定学生最终达到的口语、听力水平。其次教师要设计合适的主题，主题应该与学生的生活和学习紧密相关，可以涵盖旅游、音乐、电影、科技等方面，这样可以激发学生的学习兴趣。最后教师可以选择适合的活动，如角色扮演、辩论、口语演讲等，这些活动能够提高学生的口语表达和交际能力。设计好听说课需要注重学生的实际需求，教师要根据学生的兴趣和水平设定具体的课程目标和教学策略，通过不同的教学活动提高学生的口语表达和交际能力，培养他们的文化意识。教师需要做到以下几方面。

一、选择主题

主题是听说课的核心，主题的选择应该充分考虑学生的兴趣和需求，既能激发学生的学习热情，又能够提高他们的口语表达和交际能力，还能培养学生的文化意识。主题的选择应该紧紧围绕着学生感兴趣的话题，如旅游、音乐、电影、科技等，以及与学生现实生活密切相关的话题，如校园生活、家庭生活等。

（一）旅游主题

学生可以通过旅游主题了解不同国家和地区的旅游胜地、美食等知识。教师在课堂上可以通过以下步骤进行旅游主题。

①预热：教师引导学生讨论自己最喜欢的旅游景点，并向学生介绍一些不同国家和地区的旅游胜地。②问答练习：教师可以让学生练习用英语问路、订房、点餐、购物等。③景点介绍：教师引导学生选择一个旅游景点进行介绍，包括景点的地理位置、历史背景、文化特色、游玩建议等内容。④旅游攻略设计：教师可以让学生分小组设计一份旅游攻略，包括交通方式、住宿选择、景点游玩计划、美食推荐等内容。⑤角色扮演：让学生在小组内进行角色扮演，模拟旅游过程中的各种场景，如在酒店前台登记、在餐厅点餐、在景点购票等。⑥评价和反思：教师可以让学生相互评价和反思听说课的收获和不足之处，并提出改进意见和建议。通过以上环节，学生可以在听说课中了解到不同国家和地区的旅游胜地和文化，同时练习和提高自己的英语口语表达和交际能力。

（二）音乐主题

学生可以通过音乐主题了解英语国家的音乐文化和流行歌曲等。教师在课堂上可以通过以下步骤进行音乐主题。

①预热：教师引导学生讨论自己最喜欢的音乐类型和歌手，让学生了解英语国家的流行音乐文化。②歌曲学唱：教师可以为学生准备

一首英语歌曲，通过让学生反复听、跟唱的方式帮助学生掌握歌曲的歌词和曲调。③音乐欣赏：教师可以让学生欣赏英语国家的流行歌曲，了解歌曲的背景和文化内涵，并进行简单评论。④歌曲翻译：教师引导学生将英语歌曲翻译成中文，加深对歌曲的理解和记忆，并让学生分享自己的翻译成果。⑤歌曲创作：教师可以让学生分小组进行歌曲创作，包括歌词和曲调设计，鼓励学生发挥自己的创造力和想象力。⑥歌曲演唱：教师可以让学生在小组内进行英语歌曲演唱，并进行点评，让学生在互动中提高自己的英语口语表达和表演能力。⑦评价和反思：教师可以让学生相互评价并反思听说课的收获和不足之处，提出改进意见和建议。通过以上环节，学生可以在听说课中了解英语国家的音乐文化和流行歌曲，练习和提高自己的英语口语表达能力和表演能力。

（三）电影主题

学生可以通过电影主题了解英语国家的电影文化，了解一些经典电影等。教师在课堂上可以通过以下步骤进行电影主题。

①预热：教师可以引导学生讨论自己最喜欢的电影类型和电影明星，了解英语国家的电影文化。②电影欣赏：教师为学生准备英文电影片段，让学生观看并进行简单理解和评论。③电影解说：教师引导学生对电影片段的情节、人物和主题进行简单的解说，加深学生对电影的理解和记忆。④角色扮演：教师让学生在小组内进行电影角色扮演，练习提高英语口语表达和演技。⑤电影评论：教师让学生撰写一篇英文电影评论，介绍电影的主题、剧情，并写下自己的观影体验。⑥短片制作：教师可以让学生分小组进行英语短片制作，包括剧本创

作、角色设定和拍摄，鼓励学生发挥自己的创造力和想象力。⑦评价和反思：教师让学生相互评价和反思听说课的收获和不足之处，并提出改进意见和建议。通过以上环节，学生可以在听说课中了解英语国家的电影文化和电影制作技巧，练习和提高自己的英语口语表达能力和表演能力。

（四）社交主题

学生可以通过社交主题了解英语国家的社交文化等。教师在课堂上可以通过以下几个步骤进行社交主题。

①预热：教师让学生讨论社交话题，如聚会、社交礼仪、网络社交等，引导学生思考和表达个人观点和经验。②社交文化介绍：教师向学生介绍英语国家的社交文化。③社交礼仪练习：教师让学生在小组内用英语练习英语国家的社交礼仪。④社交场合模拟：教师让学生在小组内模拟不同的社交场合，如朋友聚会、商务宴请等。⑤社交策略分享：教师让学生用英语分享自己在社交场合中的策略和经验，加深对社交技能和社交场合的认识理解。⑥总结和反思：教师让学生总结和反思本次听说课的收获和不足之处，并提出改进意见和建议。通过以上环节，学生可以在听说课中了解和提高自己的社交技能和社交礼仪，了解和尊重不同文化的差异和特点，提高跨文化交际能力。

（五）科技主题

学生可以通过科技主题了解科技创新等方面的知识。教师在课堂上可以通过以下几个步骤进行科技主题。

①预热：教师让学生讨论科技话题，如人工智能、虚拟现实技术、

无人驾驶汽车等，引导学生思考和表达个人观点。②科技产品介绍：教师让学生介绍自己喜欢的科技产品，如智能手机、智能家居、智能穿戴设备等，并说明该产品的设计公司来自哪个国家。③科技发展趋势讨论：学生讨论科技的发展趋势，思考科技的发展对人类生活的影响。④科技创新分享：学生分享自己的科技创新想法，教师帮助学生提高科技创新意识和能力。⑤总结和反思：学生总结和反思本次听说课的收获和不足之处，并提出改进意见和建议。通过以上环节，学生可以在听说课中了解并提高自己的科技知识和科技应用能力，思考科技的发展趋势和对人类生活的影响，提高自己的科技创新意识和跨学科交流能力。

二、设计活动

在听说课中，教学活动是重要的教学手段之一，教师可以设计各种形式的教学活动帮助学生提高口语表达和交际能力，同时培养他们的文化意识。教学活动可以激发学生的学习兴趣和热情，让学生更积极参与听说课，还可以让学生有更多的机会进行口语表达实践，提高他们的口语表达能力和语音语调的准确性。听说课的活动通常是小组合作形式，可以增强学生的合作意识和团队精神。

设计英语听说课的活动时，教师需要考虑学生的英语水平、兴趣爱好和学习目标。教师可以根据学生的英语水平和兴趣进行调整修改。通过以下活动，可以让学生更加轻松学习掌握英语。

（一）角色扮演

角色扮演是一个有趣的活动，可以帮助学生提高口语能力和交际能力。例如，学生分成两组，一组扮演商店店员，另一组扮演顾客，模拟购买衣服、购买食物等场景。学生需要在对话中使用正确的单词和短语，模拟真实的交流。教师可以提供一些指导，同时鼓励学生自己设计对话内容，以提升学生的参与度和兴趣。

（二）演讲

教师可以让学生自由设定英语演讲主题，或者提供一个主题列表供学生选择。演讲主题应该与学生的兴趣和英语水平相匹配，同时主题要具有一定的深度和广度。一般而言，演讲时间应该在3~5分钟，实际课程中教师可以根据学生的水平和主题适当调整时间长短。教师可以在课堂上为学生讲解演讲技巧，如声音控制、手势、眼神交流等。教师应该给学生足够的时间准备演讲，并安排时间让学生在课堂上练习演讲。教师可以提供反馈和建议，帮助学生不断改进。教师需要明确演讲的评估标准，如内容充实、语言表达准确等。教师应该在学生开始准备演讲之前就向他们明确评估标准，以帮助学生产生一个清晰的目标。

（三）辩论比赛

英语辩论比赛是一种提高学生英语口语和思辨能力的活动。辩题应该具有一定的争议性和讨论价值，既要具有一定的深度，又要能够引起学生的兴趣。辩题可以涉及文化、科技等不同方面。英语辩论比赛的评分标准包括英语表达、逻辑思维、团队合作等。评分应该以客观公正为原则，根据学生的实际表现进行评分。学生可以通过阅读大量英语资料、听大量英语演讲和辩论比赛提高自己的英语辩论技巧。

同时在学习过程中学生应注重积累，提高自己的英语词汇量和语法知识。英语辩论比赛可以帮助学生提高英语口语和表达能力，增强他们的思考和分析能力，加深对英语和文化的理解。英语辩论比赛也有助于培养学生的领导力和团队合作精神，让学生在活动中获得成就感和自信心。

（四）小组讨论

学生分成小组讨论某个话题，并分享各自的观点。这可以帮助学生扩展词汇量，提高表达能力。小组讨论的主题可以涵盖各个领域，如文化、科技等，可以是教师指定的，也可以由学生自行提出。可以根据教师的指示分组或者学生自由分组，通常每个小组由3~5名学生组成。小组讨论的形式可以是自由讨论或者有组织讨论。在自由讨论中，组员可以随意发表自己的看法；在有组织讨论中，通常由组长或者教师提出问题或者指定讨论方向。对于小组讨论的成果可以通过发言记录、讨论总结等形式进行汇报。学生可以通过这些方式来回顾讨论内容、评估自己的表现和提高讨论技巧。英语小组讨论可以帮助学生提高英语口语和表达能力，加深学生对英语和文化的理解。

三、提供素材

听说课需要提供丰富的语言素材，这些素材可以是图片、音频、视频、文章等，可以让学生更好了解和掌握英语国家的文化和社会习俗，从而提高他们的文化意识和跨文化交际能力，还可以帮助学生积累语言知识、提高语言技能和增强语感，从而更好掌握英语。

（一）电影和电视节目素材

教师可以给学生提供一些英国、美国等英语国家的电影和电视节目片段，学生在观看时记录生词和短语，这可以帮助他们扩展词汇量并提高语言表达能力。学生可以与同学分享讨论自己的观看体验，交流彼此的想法。这可以帮助他们加深对英语和文化的了解，同时可以提高他们的口语表达和听力能力。英语电影和电视节目是一种非常有用的语言素材，学生可以通过观看电影和电视节目提高听力、口语水平，同时可以了解不同的文化和习惯。

（二）音乐素材

歌词是一个很好的语言素材，学生可以选择自己喜欢的英语音乐，与同学分享讨论自己喜欢的歌曲的歌词，交流彼此的想法，这可以帮助他们加深对英语和文化的了解，同时可以提高他们的口语表达和听力能力。音乐中的歌词是一种非常有用的英语语言素材，学生可以通过听取音乐中的歌词来提高听力、口语和阅读能力，了解不同的文化。

（三）图片素材

教师为学生提供一些图片，并要求他们用英语描述这些图片，根据问题进行讨论。这可以帮助学生提高英语口语和写作能力，同时可以训练学生的想象力和创造力。教师可以要求学生分析图片，教师可以让学生分享不同国家的图片，并让同学讨论想法感受，帮助学生了解不同文化的差异。

（四）文章素材

学生可以通过阅读各种文章，了解更多关于时事、文化和历史的知识。教师可以提供一些英文文章，并让学生朗读，要求他们注意发音、语调和语速。这可以帮助学生提高英语口语和听力能力，同时可以帮助他们掌握英语语音和语调规律。

第二节

阅读课中的文化意识培养

阅读课中的文化意识培养是指在阅读教学中注重培养学生对不同文化之间异同的理解和认知，让学生在阅读中了解体验不同文化背景下的思维方式和行为方式，从而提高学生的跨文化交际能力和文化素养。在选择阅读材料时，教师可以挑选关于不同文化之间的交流、文化差异等方面的文章，让学生通过阅读文章了解、认识不同文化之间的异同。

阅读课培养文化意识的意义在于，阅读不同文化的文章可以帮助学生了解认识其他国家和地区的文化，拓宽他们的视野，增加他们的知识。了解其他文化背景的人的思维方式和行为方式可以帮助学生更好地与不同文化背景的人交流沟通，提高学生的跨文化交际能力。阅读不同文化的文章可以帮助学生提高对其他文化的理解和欣赏能力，增强他们的文化素养和文化自信心，使他们更加自信地与有不同文化背景的人交流沟通。

一、阅读材料

阅读材料的来源有很多种，教师在选择阅读材料时，需要根据学生的实际阅读水平选择适合的材料，以确保学生能够理解掌握其中的内容，逐步提高阅读能力。过于简单的材料会让学生觉得无聊，太难的材料又会让学生感到挫败。学生对某些话题内容可能比较感兴趣，教师选择相关材料可以增加学生的学习动力和阅读兴趣。同时，教师需要注意材料的可靠性和权威性，避免学生阅读虚假或有误导性的信息。

（一）教材

学生在学校的课程中会接触到各种教材，这些教材通常都经过严格筛选，适合学生阅读。教材是教师在备课时常用的工具。教师需要根据教学目标和学生的需求选择教材。教材应该是符合教学大纲和课程标准要求的，内容丰富、准确、系统，有助于提高学生的语言综合能力，还能够帮助学生巩固和提高所学的知识和技能。在选择英语教材时，教师还需要注意教材的文化背景是否与学生所处的文化背景相一致，不一致的话需要做出相应调整和解释。

（二）报纸和杂志

报纸和杂志是学生了解时事和各种话题的好途径，它们的文章经常是精选，涉及的话题广泛。英语报纸和杂志是阅读材料的重要来源之一，它们可以为学生提供各种不同类型的文章，如新闻报道、评论、专栏等。报纸和杂志可以拓宽学生的知识面，提高他们的阅读能力和文化素养。教师需要注意选择适合学生阅读水平的报纸和杂志，确保学生能够理解文章内容；教师需要选择有吸引力的题材和文章，激发学生的兴趣和阅读欲望；教师还要选择可靠的媒体，确保所选的文章是真实可信的。

（三）网络资讯

网络资讯是指在互联网上发布的各种新闻、博客、社交媒体帖子等。现在互联网发达，网络上的各种资讯非常丰富，学生可以通过搜索引擎等途径找到自己感兴趣的阅读材料，如科技新闻、娱乐新闻、文化艺术资讯、体育赛事信息等。网络资讯的特点是更新速度快，内容多样，具有互动性和实时性，可以让读者及时获取最新的信息，参与到讨论和互动中。在英语学习中，网络资讯作为一种丰富的语言素材来源，可以提高学生的阅读能力和文化素养。在选择网络资讯时，学生需要确认资讯来源的可靠性，尽量选择知名媒体、官方网站、权威机构网站等，避免受到假新闻、谣言等不实信息的影响。网络资讯的主题涵盖面非常广泛，学生需要根据自己的英语水平和兴趣爱好适当选择主题。网络资讯的时效性较强，学生需要关注其发布时间，避免阅读过时的信息。学生在使用网络资讯进行英语学习时，需要对所读资讯进行分析和思考，以提高批判性思维，提升判断能力。

（四）小说

小说通常有深刻的内涵和丰富的情节，可以让学生在阅读中获得思想启迪和情感体验。小说是非常好的阅读材料，可以提高学生的文化修养。教师需要注意根据学生的实际情况选择适合他们年龄和阅读水平的小说，以便让他们更好理解和吸收所读内容。阅读英语小说对于学生来说，是提高英语阅读水平的有效途径。学生应选择适合自己水平并感兴趣的小说，如经典文学作品《鲁滨孙漂流记》《傲慢与偏见》等。学生选择带有丰富文化元素的小说，可以使他们更深入了解当地文化习俗。阅读时可以先了解一些基本的背景知识和单词，这有助于更好地理解内容；阅读时可以做一些笔记，标记生词和难句，便于日后回顾；阅读后可以和同学们进行讨论和分享，可以了解不同人对同一本书的不同看法。阅读英语小说需要耐心和毅力，不要一味追求快速阅读，而是要注重理解和记忆。

（五）学术文献

学术文献是指学术领域内的相关研究成果和分析报告。阅读这些材料可以帮助学生更深入了解学术领域内的知识和发展趋势，提高其对学术领域的认识和理解，增强其批判性思维和创新能力。对于高中学生而言，阅读学术文献可能会有一定的难度，需要掌握一定的英语词汇和语法知识，同时需要有较强的阅读理解能力。因此，学生在选择和使用这类材料时需要考虑选择适合自己阅读水平的材料。学生可以从比较简单的材料开始阅读，逐渐提高阅读难度。选择有权威性和可信度的学术文献，避免选择低质量或存在争议的内容；注重阅读材料的时效性，选择最新的研究成果，了解最新的发展动态。

二、教学形式

（一）引导学生思考

在课堂上，教师要引导学生思考文章中所涉及的文化背景和文化差异，让学生对不同文化的异同深入了解和认识。引导学生主动思考是教师教学中非常重要的一部分，教师通过提问引导学生思考，如询问学生对于某一问题的看法，通过提出一些具有启发性的问题，帮助学生思考、分析和总结所学知识。在教学中创造讨论的氛围，让学生自由地表达自己的看法，相互交流分享，这有助于激发学生思考和提高思维能力。鼓励学生主动寻找和解决问题，给学生一定的自主选择权，让他们探索、尝试和发现知识。在学生回答问题表达观点时，教师要及时给予反馈，帮助学生发现自己的错误和不足，激发他们进一步思考和学习。

（二）组织班级活动

教师在班级里组织文化相关的活动，可以让学生更好地了解本土文化和其他文化，增强他们的文化交流能力，促进不同文化之间的交流融合。教师将学生组成小组，让他们共同阅读某一主题的材料，然后让他们在小组内讨论、分享和总结所读内容，最后向全班汇报。教师还可以让学生组成小组，每个小组选出一个人扮演文章中的一个角色，然后对文章进行演绎，从不同的角度理解所读内容。教师可选取一些有争议性的话题或者文章，让学生分成正反两方进行辩论。辩论可以激发学生思考并提高他们的口语表达能力。教师还可以让学生阅读某个话题的文章，然后让他们写一篇演讲稿，进行演讲比赛，通过比赛提高学生的口语表达能力。

（三）引导学生表达观点

学生阅读文章前，教师可以引导学生表达对文章中所涉及文化的看法感受，鼓励学生发表自己的观点看法，培养学生的文化素养和表达能力。学生阅读完文章后，教师可以提供一些问题和可讨论的主题，鼓励学生表达他们的观点。这些讨论可以围绕文章的主题或者文章中的一些具体内容展开。这不仅可以帮助学生更好地理解文章，还可以培养学生的批判性思维和提问能力。

（四）跨文化比较

教师可以引导学生通过跨文化比较来分析不同文化之间的异同，从而增强学生对不同文化的理解认识，提高他们的文化意识。跨文化比较是提高学生文化意识的一种方法，尤其是在英语阅读课上。学生可以比较不同文化之间的异同，探究这些异同形成的原因，从而理解不同文化之间的联系。教师在选择阅读材料时，可以选择有关比较分析不同文化的文章，让学生阅读和讨论。通过这样的跨文化比较，学生可以更好理解和尊重不同文化之间的差异，同时可以拓宽自己的文化视野和增强自己的文化意识。

三、成果形式

（一）展板

教师鼓励学生总结某个文化主题，制作展板，展示其在文化意识方面的学习成果。这样的形式可以鼓励学生深入思考，总结自己的理解，从而掌握所学知识。在制作展板时，学生选择一个自己感兴趣的文化主题，如历史、文学等，可以结合阅读课所学内容，查找相关的资料，进行深入研究。展板要清晰、简洁、易于理解，可以选择图片、文字、表格等多种形式进行呈现。通过制作展板，学生不仅能够巩固所学知识，还能够提升自己的表达能力和创造力，提升自己的文化意识。

（二）作品创作

教师可以要求学生在阅读后创作相关的作品，如诗歌、小说、绘画等，来表达对文化的认识。学生可以通过阅读相关的文章，感悟其中的情感和主题，并用诗歌的形式来表达。学生可以基于阅读的文本内容，编写故事情节，创作小说。学生可以通过阅读文本，从中获取灵感，创作绘画作品，表达自己对文化主题的理解感悟。学生可以基于阅读的文本内容，编写剧本，并进行表演，以此来展示对文化主题的理解。通过作品创作，学生可以将自己对于文化主题的认识感悟进行深入思考和表达。这也可以激发学生的创造力和想象力。作品创作还可以促进学生之间的交流分享，增强团队合作精神。同时，这些作品可以在班级或学校内展示，让更多人了解学生对文化的理解。

第三节

写作课中的文化意识培养

写作课不仅可以培养学生语言表达能力，还可以培养学生文化意识。通过写作，学生可以更深入地了解不同文化的异同，探索和表达文化认知，提高跨文化沟通的能力。教师在写作课提供有关不同文化的话题和资源，鼓励学生了解其他文化背景和社会差异；引导学生在写作中思考探索文化差异，并思考如何适应和尊重不同的文化；鼓励学生在作文中加入我国的文化元素，以展示我国文化特色；引导学生撰写反思性的作品，思考文化认知如何影响写作；教师提供机会让每个学生分享交流彼此的作品，以促进跨文化交流和理解。学生可以更好地理解和尊重其他文化，增强文化交流和理解的能力，并在写作中表达展示自己的文化认知。

写作课中培养学生文化意识的重要性在于，写作不仅是对语言的运用和表达能力的考验，更是对思维深度和文化素养的检验。文化意识可以帮助学生更好地理解和适应不同的文化环境，增强跨文化交流能力，对学生未来的职业发展和人际交往都有积极的影响。写作课可以通过引导学生思考、分析和表达不同文化背景下的观点想法，从而培养学生的文化意识。具体来说，通过写作，学生可以更深入地了解和探索不同文化的背景、传统和思维方式，从而促进跨文化交流和理解。写作可以帮助学生更深入地理解认知我国的文化和外国的文化，以及两者之间的异同。写作可以培养学生的批判性思维，让学生能够对不同文化的观点进行分析、比较和评价，从而形成自己的文化观点。写作可以帮助学生提高语言表达能力，从而更好地表达传递自己的文化观点。

一、写作内容

（一）文化差异

学生比较不同文化之间的差异。文化差异是指不同地区、不同民族、不同社会群体、不同历史时期的文化系统之间存在的差异。这些差异可能体现在语言、风俗习惯、道德观念、艺术形式、生活方式等方面。文化差异的存在是多元文化社会的基础，也是文化交流和对话的重要内容。对于学生而言，了解文化差异可以帮助其更好地理解他人、尊重他人、避免误解冲突。对于教育教学而言，教师需要考虑和尊重学生的文化背景和差异，以便更好地开展教育教学交流。

不同的文化背景会产生很多差异，学生可以从以下几个方面描写。①语言表达方式。学生可以在作文中体现不同的语言表达方式，如英式英语和美式英语中常用的词汇或表达方式的差异等。②价值观。学生可以在作文中体现不同文化之间的价值观，如对于教育、家庭、友谊等方面的看法。③社会习惯。学生可以在作文中体现不同文化之间的社会习惯，如饮食文化、礼仪习惯等。④文化产物。学生可以在作文中体现不同文化之间的文化产物，如比较中外文学作品的差异等。

（二）跨文化交流

学生可以分享与具有其他文化背景的人的交流经历。跨文化交流指的是来自不同文化环境的人之间的交流，这种交流通常需要面对语言、行为规范等方面的差异。跨文化交流的目的是促进文化交流和相互理解，增进不同文化之间的联系互动。在教育环境中，跨文化交流可以帮助学生更好地理解和尊重不同文化背景的人，并且有助于打破种族、民族、文化等方面的隔阂。跨文化交流可以帮助学生提高沟通水平，让他们学会在不同的文化环境中有效地表达自己的想法观点。这对于学生今后的职业发展和国际交流都非常重要。

（三）文化传承

学生可以探讨其所在文化的传统和历史，以及文化如何被传承和保护。文化传承是指把一个文化中的价值观、知识、技能、习俗、艺术等传递给后代或其他人的过程。文化传承是社会的重要组成部分，有助于维护社会的稳定性和凝聚力。家庭是一个人最早接受文化传承的地方。通过家庭教育，一个人可以在成长过程中获得对中国文化的认识和理解。学校是一个重要的文化传承场所，通过教育和培养，学生可以获得对自己文化的深入了解。学校教育不仅包括对学生传授传统知识，还包括学生对新兴文化的了解和欣赏。社区活动是一种非正式的文化传承方式，通过社区活动，人们可以与他人分享文化、历史和传统等。书籍和网络媒体也是一种重要的文化传承渠道。通过书籍和网络媒体，人们可以了解到不同文化背景的人们的经验知识。传统工艺品也是文化的载体，通过手工制作传统工艺品，人们可以了解到传统工艺技能和文化的重要性。这些传统工艺品包括陶器、木雕、瓷器、织物等。文化传承对于一个社会的发展和繁荣非常重要。通过家庭传承、学校教育、社区活动、书籍和网络媒体以及传统工艺品等，人们可以传递文化价值观、知识、技能、习俗、艺术等给下一代，从而保护和弘扬自己的文化。

在英语写作中介绍文化传承的方式，可以体现对文化传承的尊重和关注。比如，学生可以描述一些具有文化意义的文化遗产等，以此来展示其对文化的理解和尊重。文化传承不仅涉及一个文化内部的传承，还包括不同文化之间的交流和影响。

（四）文化创新

文化创新指的是在文化领域中，通过引入新的思想、方法、技术等，推动文化产业的发展创新。文化创新不仅是文化产业的发展动力，也是现代化发展的重要方向之一，需要引入新的思想和理念，从而打破传统的思维定式，推动文化的发展，满足人们多元化的需求。培养文化创新人才，提高文化产业从业者的文化素养和创新能力，推动文化产业的持续发展。同时借鉴和引进国际先进的文化资源和经验，加强国际文化交流和合作，促进文化产业的国际化和多元化发展。

在以上背景下，英语写作中体现文化创新可以选择一些独特、前沿的文化主题或角度，创新的内容和观点，体现文化创新的特点。学生可以引用前沿文化趋势，体现其对于文化创新的关注和理解。学生还可以讨论文化与科技融合的可能性和影响，探讨数字化和虚拟现实等技术对于文化创新的推动作用。

（五）文化认同

文化认同指的是个人对所属文化团体的认同感和归属感，是对自己所在的文化群体所拥有的价值观、传统、历史和社会习惯等的认同。文化认同包括了对自身文化背景的了解和接受，对其他文化的理解和尊重，以及对多元文化的包容和融合。文化认同对于个体的心理健康和社会适应至关重要，它可以提高个体的自尊和自信，使个体感到自己在一个具有共同价值认同的群体中，从而更好地融入社会并发挥自己的能力。在跨文化交流中，文化认同是十分重要的，它有助于人们建立相互尊重、理解和合作的关系。

文化认同是英语写作中一个重要的角度，学生可以分析文化认同的形成过程，探讨文化背景、社会环境、教育等因素对文化认同的影响。学生可以讨论文化认同与个人身份认同之间的关系，分析文化认同对于个体社会适应的重要性；还可以探讨文化认同在跨文化交流中的作用和意义，如何在交流中保持自身文化认同的同时能够理解和尊重对方的文化认同，从而建立相互尊重和合作的关系。

二、教师提供写作指导

（一）提供文化素材和参考资料

教师为学生提供丰富的文化素材和参考资料，如跨文化交际案例、文化差异分析、跨文化交际策略等，帮助学生更好地理解不同文化之间的异同，提高他们的文化意识，帮学生从中找到写作的灵感。选择与学生正在学习的主题或话题相关的文化素材。除了传统的书籍、电影和照片等素材，还可以提供网络资源，如在线博物馆等，帮助学生体验不同的文化。教师可以根据学生的学习需要和兴趣，选择相关的文化素材和参考资料，并引导学生参与讨论和交流，提升他们的思考和表达能力。

（二）给予及时反馈和指导

教师在学生写作过程中及时给予反馈和指导，帮助他们纠正不当的文化观念和思维方式，以及克服交流表达中存在的跨文化交际障碍，从而帮助学生不断提升跨文化交际能力和文化意识水平。定期安排写作指导课程，帮助学生提高写作技能。教师在评价学生的作文时，提供具体详细的反馈，指出学生的优点和不足，并提供有针对性的指导建议。

三、写作标准

（一）观点鲜明

文章需要明确表达学生对文化意识的观点，不能模糊，不能含混不清。在英语写作中，观点鲜明是一项重要的标准。一篇观点鲜明的作文应该有明确的论点或中心思想作为整篇作文的重点。论点应该明确、简洁。论证应该是逻辑清晰、合理、有说服力的。

（二）作文深度

学生需要写出深入挖掘文化意识背后的本质和内涵的文章，则不能停留于表面，需要仔细研究相关文化，并对其历史、价值观等方面进行深入探究。只有这样，才能准确描述文化现象，展现出丰富的文化内涵。同时，学生需要注意避免过于主观或片面的观点，要尽可能全面客观地呈现文化现象。学生还需要注意词句使用的精准度和连贯性。在结尾部分，学生要强调主题的重要性和意义，并提出具体的建议，以引导读者进一步思考和行动。

（三）语法结构和词汇

学生要注意选择恰当的词汇和表达方式，这样可以更准确地表达想法，也可以使文章更加生动和有趣。要尽量避免使用重复和模板化的表达方式，这会让文章显得枯燥乏味，可以尝试使用多种语法结构，展示写作技巧和想象力。

第五章

新课标理念下文化意识的教学设计

新课标的教学理念是以培养学生语言应用能力和综合素质为目标，注重将语言学习与文化、思维和社会实践相结合，强调学生的主体地位和个性化发展。注重通过真实语境的模拟和真实交际的实践，培养学生的听说读写能力和语用能力；注重将语言学习和文化、思维和社会实践相结合，培养学生跨文化交际能力；注重采用多种教学方法和手段，以及多元化的评价方式，鼓励学生探究、合作、创新和实践；注重发掘学生的潜能和个性，提供个性化的学习支持和服务，培养学生自主学习能力和终身学习意识。

新课标的主要特点为更加注重语言应用能力的培养，加强跨学科融合，突出学科与文化的融合，注重多元评价和学生自主发展。在新课标的指导下，教师需要注重语言技能的实际应用，引导学生积极参与各种英语实践活动，提升其语言表达和交流能力。同时，教师需要注重学生文化意识的培养，通过提供丰富的文化素材和多元的文化体验，引导学生理解和尊重不同文化，培养其跨文化交际能力。

第一节

大观念教学中的文化意识教学设计

在现代语境下，大观念通常被理解为拓宽思维视野、打破局限性思维、促进创新、全球化、多元化和开放性等观念的综合体。这种观念强调个人应该放下自己的偏见和狭隘观念，更加开放地看待世界和接受新思想，以及尊重不同文化、信仰和价值观。

大观念教学是一种强调开放性、多元性和全球化的教学理念。它旨在培养学生拓宽视野、超越自我、尊重多元文化和适应全球化的能力，使学生具备大观念。教师应该开展多元化的教学活动，鼓励学生接受不同的观点和看法，尝试理解和欣赏其他文化及价值观。教师应该提供多种跨文化学习机会，如文化交流会等，让学生能够感受和理解其他文化的不同之处，培养跨文化的交流和合作能力。大观念教学强调创新能力的培养。教师可以通过启发式教学、开放性实验等方式，鼓励学生展开创新思考并发挥自己的想象力和创造力。大观念教学也强调国际化素养的培养。教师可以通过多种途径，如国际交流项目、国际课程等，让学生更加全面地了解其他国家文化，培养跨国界的视野。大观念教学也注重情感教育的培养，强调学生的情感和人际交往能力的发展。教师可以通过开展合作学习、社区服务、领导力发展等活动，让学生提高社交技能，培养学生人格魅力。

在英语教学中，大观念教学理念提倡开放性和多元化的学习方式，教师可以通过多样化的教学活动，如组织小组讨论、任务型教学、多媒体教学等，鼓励学生展开多元化的思考和讨论，并接受不同的观点和看法。英语教学本身就是一种跨文化交流，教师可以通过组织文化体验活动等方式，让学生更好地了解和欣赏其他文化，培养跨文化的交流和合作能力。英语教学应该强调语言学习的实用性，教师可以通过模拟真实生活场景、实际应用和培养交际能力等方式，让学生掌握实用的语言技能。大观念教学也强调学生自主学习的重要性，教师可以通过提供学习资源，激发学生的自主学习兴趣，提高学习效率。教师可以通过开展国际问题研究，让学生了解国际问题和挑战。英语教学中的大观念理念旨在培养学生的国际视野，使学生尊重多元文化和拥有适应全球化的能力，通过多元化的教学方式和内容，让学生更好地适应现代社会。

一、设计原则

（一）尊重多元文化

教师应该了解不同国家、地区的文化背景，尊重多元文化，尊重风俗，避免将自己的文化观念强加于学生。尊重多元文化是指尊重不同地区、不同国家、不同民族的文化差异和多样性。这是一种开放、包容、平等和互相尊重的态度，可以促进不同文化之间的交流理解，提高人们的文化素养。教师应该了解学生的文化背景和价值观念，为学生提供一个多元文化的课堂环境。

（二）促进跨文化交流

促进跨文化交流是教师教学的重要目标之一，可以帮助学生了解不同文化的异同，增进相互理解和尊重，提高跨文化交际能力。教师可以使用含有不同地区、不同国家、不同民族的多元文化的资料，让学生接触、了解不同文化。学校可以举办多元文化的活动，如文化展览、文化讲座等，让学生了解、体验不同的文化，增进相互理解和尊重。学校可以与其他国家或地区的学校合作，组织跨文化交流项目，如国际交换生项目、国际夏令营等，让学生亲身体验和了解不同文化，增进跨文化交际能力。

二、教学方式

（一）探究文化背景

在大观念教学中，探究文化背景是一种教学方式。探究文化背景是指在教学中向学生介绍作品或者事件所涉及的文化历史背景，让学生深入理解作品或事件的背景和含义。探究文化背景可以让学生了解不同文化之间的差异和联系，培养学生的文化意识和跨文化交际能力，还可以帮助学生拓宽视野，了解不同文化的特点和发展历程，这对于学生的人文素养的提高有积极的影响。

（二）引入跨文化元素

在大观念教学中引入跨文化元素是非常重要的，它可以帮助学生理解和欣赏不同文化之间的异同，同时可以提高学生的跨文化交际能力。

（三）引入多元化教材

多元化的教材可以让学生了解和欣赏不同国家和地区的文化特色，提高学生的跨文化交际能力。

第二节

英语学习活动观中的文化意识教学设计

英语学习活动观是指导普通高中学生进行英语学习的教育理念和方法。具体来说，英语学习活动观让学生通过各种实践活动来巩固和提高英语知识和技能，让学生意识到，学习英语不仅学习语言，还应该注重提高跨文化交流能力、信息获取能力、思维能力等综合素质。

英语活动观在教学中具有重要的意义，它可以帮助学生更加主动、积极地参与英语学习，提高英语语言技能和跨文化交流能力。英语活动观强调学习应该是有趣、实用和具有参与性的，要激发学生的学习兴趣，提高他们的学习积极性。英语活动观注重实践性，通过各种活动提高学生的实践能力，让他们在实践中掌握语言技能和交际技巧。英语活动观倡导跨文化交流，让学生了解和接触不同文化，并通过活动促进文化交流，提高学生跨文化交际能力。英语活动观注重学生自主学习，让学生在实践中发现问题、思考问题、解决问题，培养学生的自主学习能力和创新思维。英语活动观符合现代教育要求，强调学生的主体地位，注重学生的实践和创新，与现代教育的发展方向相符合。

英语学习活动观可以促进英语教学转型和提高教学效果。它强调学生的主动参与和实践能力的培养，推动了教师从传统的知识传授者转变为学习引导者，注重创造性、交互性和自主性的教学方式。英语学习活动观提倡多元化、实用化的教学内容，让学生通过各种实践活动学习英语知识和技能，教学内容更加贴近生活实际，使学生更容易理解和接受。英语学习活动观通过各种实践活动提高学生的英语实践能力和跨文化交流能力，使学生在实践中掌握语言技能和交际技巧，提高学习效果。英语学习活动观对英语教学的影响是全面的，它可以改进教学方式、教学内容，使教师的教学水平提高，进而提高学生的学习兴趣。

一、设计原则

（一）以学生为中心

以学生为中心是英语学习活动观的设计原则之一。这个原则的核心是注重学生的需求和兴趣，从而激发学生的学习兴趣和积极性。教师应该根据学生的学习特点和水平，提供个性化的支持，如不同的教学方法、不同的任务类型和不同的评价方式。教师应该鼓励学生参与互动，还应该注重学生的反馈和评价，及时调整英语学习活动的内容和方式，以适应学生的需求和兴趣。以学生为中心的英语学习活动能够提高学生的学习兴趣和动力，增强学生的自主学习能力和探究能力，促进学生全面发展。

（二）情景导向

英语学习活动应该注重情景导向，让学生在真实、生动、具体的情景中学习英语，提高语言应用的能力。情景导向强调英语学习应该与现实生活紧密结合，注重情景化的英语教学活动。情景导向的目标是帮助学生将所学的英语知识和技能应用到实际生活中，提高他们的语言能力和交际能力。教师应该尽可能地将英语学习活动与真实的生活情景结合起来，以帮助学生理解和掌握英语知识和技能。任务型教学是情景导向的一个核心教学方法，它注重让学生在实际情景中完成一系列任务，从而提高学生的语言能力和交际能力。

（三）任务驱动

英语学习活动应该以任务为驱动，通过任务驱动的教学模式，让学生在完成任务的过程中掌握语言知识和技能，提高语言运用能力。任务驱动强调通过给学生设置具体的任务，激发他们的学习兴趣和动力，提高英语学习的效果。教师应该根据学生的年龄、兴趣等因素，设计具体的英语学习任务。任务的真实性和可操作性是任务驱动的重要特征之一。任务应该与学生的实际生活，尤其是学习需求相关，同时任务的目标和要求应该具有可行性和可操作性，以激发学生的学习兴趣和动力。任务驱动的英语学习活动应该注重任务的交际性和合作性。通过完成任务，学生可以锻炼自己的交际能力和合作能力，培养团队合作精神。教师应该及时给予学生反馈、评估，帮助学生了解他们自己的学习情况和成果，及时纠正错误和改进学习方法。

（四）交际导向

英语学习活动应该注重交际导向，让学生在真实的交际情景中学习英语，培养语言运用能力和交际能力。交际导向的英语学习活动应该注重交际策略和语用知识的培养。学生应该学会根据交际情景和谈话对象选择合适的交际策略，有效地进行沟通。交际导向的英语学习活动应该注重语言输入和输出的平衡，即学生不仅要接受英语的输入，也要积极地运用英语进行输出交流，从而提高英语的应用能力和交际能力。

二、教学方式

（一）组织学生合作学习

组织学生合作学习是一种让学生在小组内相互合作、协作完成学习任务的教学方式。这种方式可以让学生积极参与学习、分享知识、发扬合作精神。合作学习是一种注重学生互动合作的形式，学生在协作中完成学习任务，达到共同学习的目的。合作学习注重学生的互动和交流，鼓励学生分享思考和经验，促进学生思考和探究能力的发展。学生在合作学习中通过协作、交流完成学习任务，增强学习的自主性和参与性。合作学习通常在小组内进行，通过小组内的互动协作，提高学生的合作沟通能力。

组织学生合作学习的教学策略包括建立学生之间的信任和友谊，激发学生的合作欲望和参与热情；设计合适的小组任务，确保任务的目标和难度与小组内每个学生的能力水平匹配；教师提供支持指导，鼓励学生进行合作探究和交流；对小组学习的过程和成果进行反馈评价，帮助学生认识自己的优势和不足，提高学习效果。合作学习可以促进学生认知、情感发展，有利于培养学生的团队精神、交际能力和解决问题的能力。在英语教学中，合作学习可以帮助学生提高口语表达和听力理解能力，增强语言交际能力。

（二）情景模拟

情景模拟是一种通过模拟实际情景来让学生学习语言知识和技能的教学组织形式。教师可以设计各种情景，让学生在情景中进行交际实践，提高语言应用能力。在英语学习中，情景模拟通常通过角色扮演、会话模拟、场景再现等方式来实现，让学生在模拟的情景中使用英语进行交流，可达到真实的语言应用效果。

教师需要选择与学生生活学习密切相关的情景，以激发学生的学习兴趣；教师需要对所选择的情景进行分析，了解情景的语言环境、交际目的、语言难度等方面的特点，以便于设计教学内容和任务；根据情景特点和学生的学习需要，教师可以设计与情景相关的任务，涉及听、说、读、写等方面的技能；教师将情景描述给学生，让学生在情景中扮演不同的角色，运用英语进行交流；教师在情景模拟过程中需要给予学生必要的语言支持，包括词汇、语法等方面的帮助，以提高学生的语言应用能力；教师需要对学生的表现给予反馈，帮助学生发现自己的不足并加以改进。

第六章

新课标理念下培养文化意识的教学设计课例展示

总设计

基本信息			
年级	高一年级	教材版本及章节	人教版（2019 年版） 必修一 Unit 3
学习单元	Unit 3 Sports and Fitness		
教学设计			
一、单元教学主题	运动与健康		

（一）主题语境

人与自我：健康的生活方式、积极的生活态度

人与社会：日常体育活动、大型体育赛事、体育与健康、体育精神

（二）单元内容分析

【What】

本单元的教学主题是“运动与健康”，介绍了世界各地的大众体育项目、大型体育赛事和有创意的体育运动项目。学生通过阅读体育界传奇人物的事迹介绍，学习伟大运动员的体育精神。学生通过了解健身后的

变化，认识积极健康的生活的重要性。了解喀斯特地貌，评价攀岩等极限运动的利弊。通过调查学生的运动兴趣和爱好，推广建立校园运动社团，提升学生的实践创新能力，培养批判性思维。

【Why】

本单元展示了体育运动，传递了体育精神，促进了青少年身心健康的发展。让学生热爱体育运动，理解体育精神和公平竞争的深刻含义，树立健身意识，保持身心健康，达到全民运动、运动强国的目的，培养新时代青少年，实现学科育人价值。

【How】

选取了多模态语篇，通过听力文本、对话和补充说明文，介绍世界各地的大众体育项目，激发学生对于体育运动的兴趣。通过说明文介绍体育界传奇人物的感人事迹，采用了排比、例证、夸张、引言等写作手法。学生通过学习对比的写作手法，描述健身后的变化，树立健身意识，培养健康积极的生活习惯，保持身心健康发展。

（三）单元的内容编制和主题意义探究

1.基于“英语学习活动观”的内容编制

新课程标准提出了指向学科核心素养的英语学习活动观，为整合课程内容、实施深度教学、落实课程总目标提供了有力保障。本次单元教学设计从英语学习活动观的视角，重新审视课堂教学内容，重组课堂内容，通过设置学习理解、应用实践、迁移创新等层层递进的内容和活动，培养文化意识，发展多元思维，形成学习能力，引导学生加深对主题意义的理解。高中英语新教材每单元分八个教学板块，依据实际教学情况，从英语学习活动观的视角重新审视课堂教学设计的合理性和有效性，通过整合教材内容、设计教学活动，达到优化学习方式、发展核心素养的目的。

2.基于“问题链”的单元主题意义探究

对多模态语篇内容及意义进行整体分析，提出单元主题意义问题链：

①What do you know about sports?

②What is a sports legend?

③What's your understanding of sportsmanship?

④How to keep physically and mentally fit?

⑤What are the benefits and risks of sports?

⑥What sports do you want to promote?

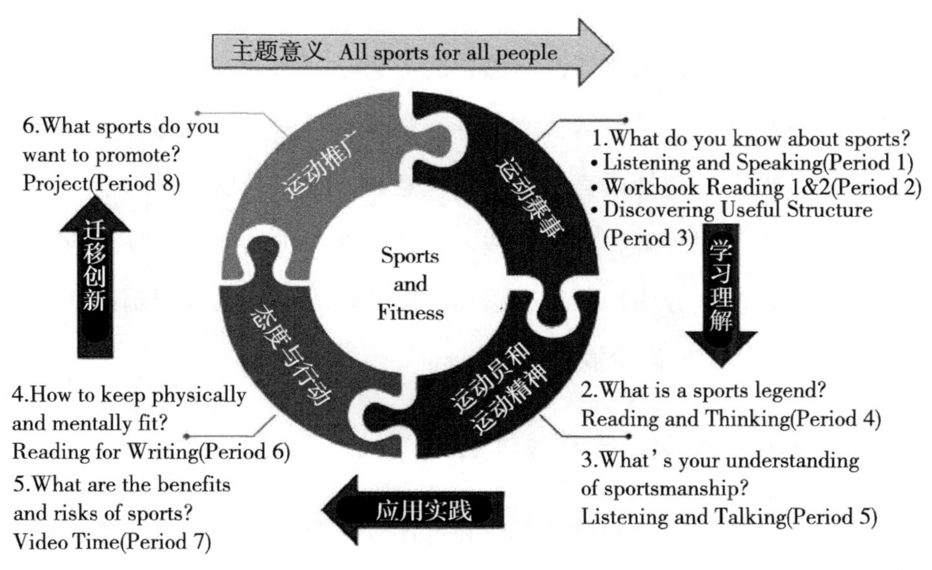

梳理单元子主题间的关联，建构出语篇的结构化知识，提炼本单元主题意义。主题意义为理解体育运动和体育精神，形成健康的生活方式，促进身心健康发展。深层意义为热爱运动，推广运动，全民运动。

（四）教学设计与实践的理论基础

1.探究主题意义，促进深度学习

关注主题意义，设定核心素养发展的单元整体教学目标，是培育和发展英语学科核心素养的主要依托，是引领教学目标设定与学习活动开展的关键。本单元所有课时的主题意义探究，始终围绕大单元的主题意义，形成教学设计闭环。深度学习是深入知识内核的学习，是展开问题、解决问题的学习。

2.落实学习活动观，提升核心素养

在教学设计上，围绕新课标倡导的英语学习活动观，重视训练思维品质，重视培养英语学科的核心素养。教学设计紧紧围绕培养英语学科的核心素养展开，包括语言能力、文化意识、思维品质和学习能力四个维度，设置了学习理解、应用实践、迁移创新三类活动，由易到难，层层递进。活动层次分明，从基于语篇的信息输入，到深入语篇的初阶输出，再到超越语篇的高阶输出。

3.教学评一体化，贯穿教学始终

本单元教学设计根据教学目标确定评价内容和评价标准，通过组织学生和引导学生完成以评价目标为导向的多种评价活动，监督学生的学习过程，检测教育效果，实现以评促学、以评促教。注重评价主体多样化：教师评、同伴评、学生自评等，并且制定《基于课程六要素的单元整体自我反思及评价量表》。评价的内容分多个维度，在评价的过程中，关注学生的情感、态度和价值观。本单元设置了较多的小组活动和学生展示环节，评价活动在整堂课中不着痕迹，贯穿始终。

二、单元教学目标

核心素养	教学目标
语言能力	词汇：学生掌握与运动相关的词汇及表达
	语篇： 学生阅读杂志文章，提取主要信息和观点，并形成个人见解 学生阅读高中生的健身随笔，学习对比的写作手法
	表达： 学生能够根据运动员的表现和体育精神表达同意或不同意的观点 学生能够写自己健身后与健身前对比的小语篇
文化意识	学生了解世界各地的特色体育项目、著名运动员和大型体育赛事 学生形成正确的健身意识和习惯 学生理解体育精神和公平竞争的深刻含义
思维品质	学生对阅读语篇中各信息之间的逻辑关系进行分析推断，归纳作者的观点及其依据；对体育精神进行理性分析和判断，能表述理由，并形成个人见解
学习能力	学生能够在听听力题时抓住主旨大意 学生能够利用图片和标题预测杂志文章的内容

三、单元教学重点、难点

单元教学重点

学生通过阅读体育界传奇人物的事迹，学习传奇人物的体育精神，介绍自己心目中的体育传奇人物；通过学习对比写作，描述运动带来的好处和变化，养成正确的健身意识和习惯。

单元教学难点

学生通过调查问卷，设计海报推广一项运动。

四、单元整体教学思路

课时	课程	语篇类型	语篇内容
1	Listening and Speaking	对话音频	邀请朋友参加体育运动
2	Workbook Reading1 & 2	说明文	热门运动等
3	Discovering Useful Structure	对话	闲聊
4	Reading and Thinking	说明文	体育界的传奇人物
5	Listening and Talking	对话音频	讨论体育精神
6	Reading for Writing	说明文	写健康书
7	Video Time	视频	喀斯特地貌、攀岩运动
8	Project	调查	推广一项运动

五、单元作业与拓展学习设计

小单元	板块	小单元任务	完成时间
体育赛事	Listening and Speaking, Workbook Reading 1&2	介绍一项体育运动或比赛	10分钟

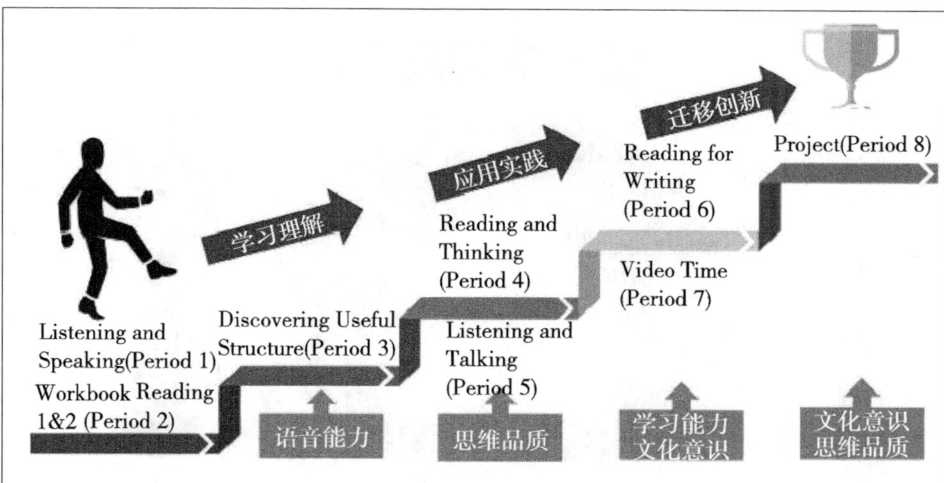

续表

小单元	板块	小单元任务	完成时间
体育赛事	Discovering Useful Structure	编对话邀请朋友参加一项体育运动	10分钟
运动员及体育精神	Reading and Thinking	介绍一位体育界的传奇人物	15分钟
	Listening and Talking	举例说明体育精神	15分钟
运动及健身意识	Reading for Writing	写作：运动前后的对比	30分钟
	Video Time	讨论攀岩运动的利弊	10分钟
运动推广	Project	设计调查问卷并进行分析，用海报展示自己喜欢的运动	60分钟

六、特色学习资源、技术手段

剪辑视频、制作PPT

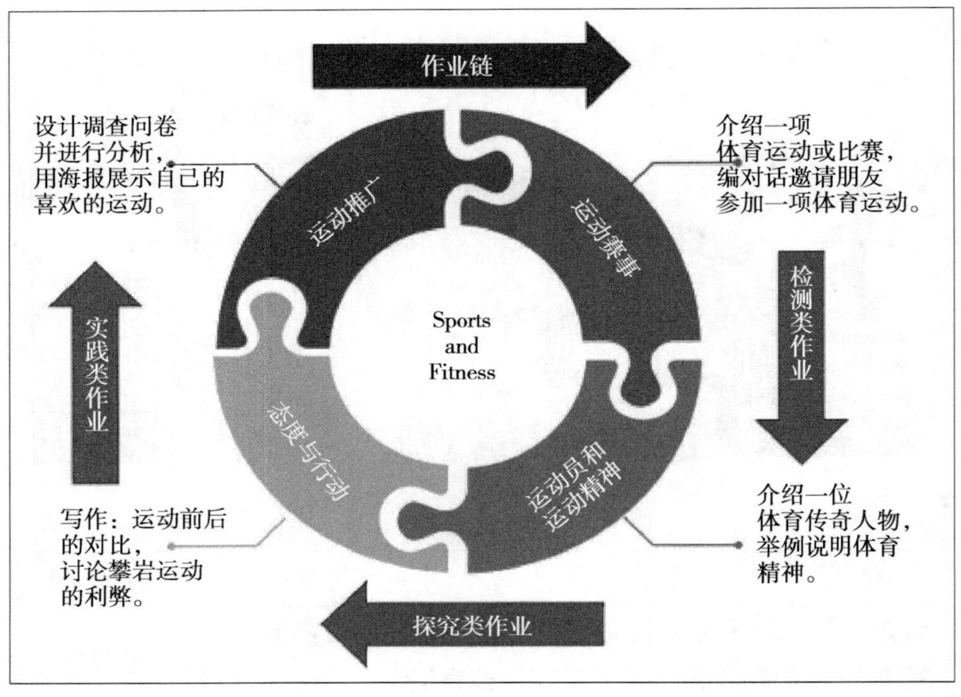
作业链
设计调查问卷
并进行分析，
用海报展示自己的
喜欢的运动。
运动推广
运动赛事
介绍一项
体育运动或比赛，
编对话邀请朋友
参加一项体育运动。
检测类作业
实践类作业
Sports
and
Fitness
态度与行动
运动员和
运动精神
写作：运动前后
的对比，
讨论攀岩运动
的利弊。
介绍一位
体育传奇人物，
举例说明体育
精神。
探究类作业

课时教学设计1

第1课时	共8课时
课题	Invite a Friend to a Sports Event
课型	Listening and Speaking 新授课

1.教学内容分析

本课时的课题是“Invite a Friend to a Sports Event”，与学生的日常生活密切相关。学生不仅喜欢参加体育运动，而且对观看体育比赛非常感兴趣。本课时为听说课，教材中呈现了电子竞技、马拉松、足球、羽毛球、拳击、滑雪等运动项目的场景，这些场景既有比较经典的运动项目，又有新奇有趣的运动项目。该主题的意义是体现体育的趣味性，以及体育与现代科技的结合、体育与慈善事业的结合。本课时为实现本单元的语言能力目标和学习能力目标奠定了重要基础。

活动1：学生通过观看图片，加深对体育项目的了解。活动2：学生通过听力了解电子竞技，了解如何用英语邀请朋友去观看体育项目和接受或拒绝朋友的邀请。活动3：学生通过听力了解该项目的趣味性，同时能找出发出邀请的句型和回答的句型。活动4：学生用英语邀请朋友观看体育项目。通过对听力文本的分析，学生能够学会邀请同学观看体育项目，并能够有礼貌地接受或拒绝对方的邀请，从而提高跨文化交际的能力。

本课时引导学生打好语言基础，进而更顺利、更流畅地表达自己对体育运动的看法。此外，本课时涉及的语言材料能够激励学生了解体育运动、参加体育运动、热爱体育运动。本课时中一些教学活动能够有效地培养学生们应用迁移能力与深度思考能力。

2. 学生分析

高一学生充满好奇心、求知欲，有一定获取信息的能力，他们在听文本材料时，能较好获取what、when、where这种基本信息，但是梳理整合信息的能力还有待提高。在口语表达方面，学生对于如何邀请朋友参加体育活动有大概了解，但是表达起来，对于一些句式的使用把握不够准确，相关知识储备不够系统、不够全面。学生对语音语调、重音方面重视不够，难以在日常交际当中灵活运用。

3. 教学目标

核心素养	教学目标
语言能力	学生能够梳理出关于邀请和回复的句式，并且能够灵活将其运用在口头表达中
文化意识	学生能通过本节课培养学习的兴趣，增进对体育知识的了解，培养对体育运动的热爱
思维品质	学生在探索和归纳相关知识点时，培养自己深度思考的能力，提升思维的灵活性和逻辑性
学习能力	学生通过总结归类有用句型，懂得如何有礼貌地接受或拒绝邀请。能够运用重音这一听力策略快速判断听力文本的主旨大意

4. 学习重点和难点

重点：学生能够获取关于某项体育活动的基本信息，能够知道从哪些方面邀请他人参加体育活动；能够梳理出关于邀请和回复的句式，并且能够灵活将其运用在口头表达中。

难点：运用重音这一听力策略快速判断听力文本的主旨大意，并且在口头表达中运用重音来实现交际目的。

5. 学习活动

Note：1’=1 minute；

IW= Individual Work；GW= Group Work；CW= Class Work

Procedures	Time & Mode	Teaching Activities	Learning Activities	Design Purpose
Step 1：Lead-in	3’ CW IW	Teacher shows some pictures about national sports events and asks questions. Ask the students whether they know other sports events（mind map）. Show a picture of e-sports	Students answer the questions and get to know some sports event，including e-sports	To capture students’ interests and find out if the students know e-sports and prepare for listening activities

续表

Procedures	Time & Mode	Teaching Activities	Learning Activities	Design Purpose
Step 2: Listening	8' CW IW	Ask the students to listen to conversation 1 and find out the main idea. Ask the students to listen to conversation 1 again and find out what e-sports are. Ask the students to read the conversation by role-playing. Teacher highlights useful sentence patterns	Students listen to conversation 1 and finish the assignments. Students read the conversation and get to know how Amy accepts or refuses the invitation	To practice students' listening skills To get students find out the main idea and the detailed information
Step 3: Listening	8' CW IW	Ask the students to listen to conversation 2 and find out the main idea. Ask the students to listen to conversation 2 again and find out the detailed information. Teacher asks the students some questions. Teacher highlights useful sentence patterns	Students listen to conversation 2 and finish the assignments. Students find out the detailed information by answering the question	To get students find out the main idea and the detailed information. By analyzing the listening text, find out the answer of conversation 2

续表

Procedures	Time & Mode	Teaching Activities	Learning Activities	Design Purpose
Step 4: Summary	6' CW IW	Teacher asks the students to summarize and classify the sentences. Teacher asks the students to write down the sentence patterns on the handout	Students summarize and classify the sentences of making an invitation to a sports event. Students write down the sentence patterns	By summarizing and categorizing useful sentence patterns, get the students know how to accept or refuse the invitation politely
Step 5: Viewing	6' CW	Teacher lets the students watch a microlecture to learn how to make an invitation to a sports event	Students learn how to make an invitation to a sports event	By watching the microlecture, students are further familiar with and strengthen the target language to prepare for the next "speaking"

续表

Procedures	Time & Mode	Teaching Activities	Learning Activities	Design Purpose
Step 6: Speaking & Homework	9' PW CW	Show a match schedule of three sports events in the school sports meeting. Ask the students to work in pairs and make a conversation Give evaluation to students' performances	Students work in pairs and make a conversation to invite one of classmates to a sports event	Inspire students to love sports and participate in sports events. Enhance students' confidence in oral expression

6. 板书设计

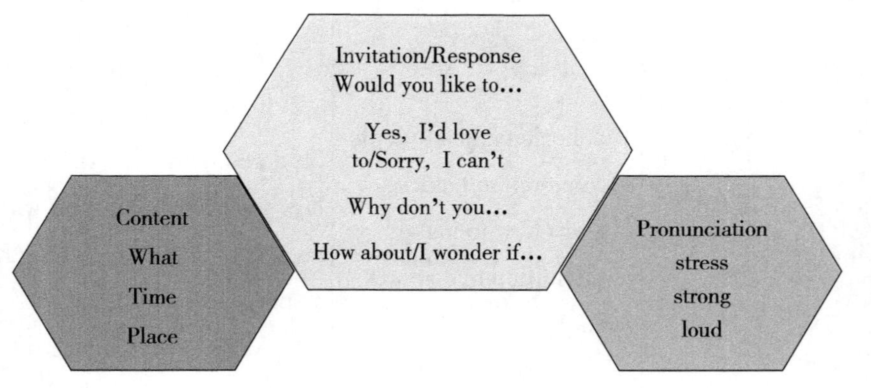

7. 学习评价

评价时，学生请从1~5中选择一个数字。其中，“1”代表非常不同意、“2”代表不同意、“3”代表无所谓、“4”代表同意、“5”代表非常同意。

方面	程度
通过上这节课，我熟练地掌握了本课知识点	1　2　3　4　5
通过上这节课，我提升了自己迁移应用、归纳总结等学习能力	1　2　3　4　5
通过上这节课，我增加了对体育知识的了解，培养了对体育运动的热爱	1　2　3　4　5
通过上这节课，我提升了思维的灵活性和逻辑性，培养了深度思考的能力	1　2　3　4　5

8. 教学反思与改进

从目标达成来看，本节课顺利完成教学任务，也基本达到了预期目标。

教师方面

整节课思路清晰，在听力技巧方面，本课时让学生能够运用重音这一听力策略快速判断听力文本的主旨大意，并且在口头表达中运用重音来实现交际目的。学生在听的过程中，培养了深度思考和深度学习的能力。在口语输出方面，注重语料库建设，搭建支架，帮助学生顺利输出，提升语言能力。在活动设计方面，立足于学情，设置了环环相扣的活动。在主题意义探究方面，引导学生关注体育精神、热爱体育运动。

学生方面

本节课活动形式多样，含有师生互动、两人讨论和多人小组合作，在合作中学习与进步。整节课学生表现出浓厚的学习兴趣，学生展示环节也达到了预期目标。在主题意义探究方面，本节课学生了解到体育的趣味性以及体育与现代科技的结合。

改进措施

本堂课主要存在的问题是课堂进度比预期偏快，学生小组合作的时间还可以延长。改进设想是把Step 4：Summary部分适当多给学生时间让其能够深入理解概括要点，以及将课堂节奏放慢一点，需要更多思考学生怎样才能够迁移创新地运用听力材料中搭建的“脚手架”，聚焦内容、句式、重音，在体验语言中掌握如何提出邀请和答复邀请。

9. 课时练习

(　　) 1.________ this house with that one, you will understand which one is better.

A. Compare　　B. Compared

C. To compare　　D. Comparing

(　　) 2. You'd better persuade your father to__________ smoking or he will fall ill.

A. give up　　B. give in

C. give off　　D. give away

(　　) 3. He is a stubborn man so it doesn't ________ to persuade him into following your example.

A. make out　　B. make up

C. make it　　D. make sense

(　　) 4. To swim in such cold water is crazy, ________?

A. is it　　B. isn't it

C. does it　　D. doesn't it

(　　) 5. Let's listen to the radio program that the teacher mentioned, ________?

A. will you　　B. shall we

C. don't we　　D. do you

6. What do you think sports and exercise can do for you?

____

Answers:

1~5　DADBB;

6. Improve my mental health and mood; Strengthen my bones and muscles.

课时教学设计2

第2课时	共8课时
课题	Winter Sports
课型	Workbook Reading 1 & 2 新授课

1. 教学内容分析

本课时的课题是"Winter Sports"，介绍了冬奥会和三种不同类型的冬奥会运动项目：滑雪、滑冰和钢架雪车。让学生能够了解冬奥会的特点，引导学生关注冬奥会，向学生普及冬奥会知识。学生通过学习，了解不同的体育运动。

本节课的目的是帮助学生深入理解体育精神的内涵，让学生对竞技体育形成正确的价值观。本课时的学习内容主要关注学科核心素养中的思维品质和学习能力。让学生理解课文内容，锻炼学生深入分析的能力。在讨论环节，学生通过合作与探究，训练发表特定的话题观点的能力。

2. 学生分析

本节课的学生是高一学生，英语基础良好，学生们已经对这个主题有一些了解，大多数同学喜欢体育运动，对奥运项目相关话题也感兴趣，能就冬奥会运动项目话题表达自己的观点和看法。但对他们来说，给国际奥委会写一封推荐信，在其中给出相应的推荐理由有一定难度。

3. 教学目标

核心素养	教学目标
语言能力	通过阅读文章和观看视频，了解冬奥会以及滑雪、滑冰和钢架雪车的特点
文化意识	通过欣赏文章内容、语言和结构来探索不同冬季运动的魅力及其差异
思维品质	学生通过学习这篇文章能够感受到参加奥运会的荣幸和体育运动的重要性
学习能力	学生在阅读的基础上，掌握冬奥会的特点，了解不同的冬奥会项目，并根据主题给国际奥委会写一封信，推荐一项新的运动，培养自主学习的能力

4. 学习重点和难点

重点：学生能够推荐自己喜欢的体育运动，这些运动应符合奥运会的标准。

难点：学生分析并总结作者如何使他的文章陈述清晰而有说服力，介绍自己选择的体育运动并明确陈述理由。

5. 学习活动

Note: T= Teacher; Ss=Students; 1'=1 minute; Q=Questions;

IW= Individual Work; GW= Group Work; CW= Class Work

Procedures	Time & Mode	Teaching Activities	Learning Activities	Design Purpose
Step 1: Lead-in	2' CW IW	Watch a short video and get to know some sports events of the Winter Olympic Games. Q: What kind of sports events are they	Ss share their own ideas	To stimulate students' interest and activate the topic-related knowledge and vocabulary, getting them ready for the following reading
Step 2: Before Reading	2' IW	T asks the Ss to predict the contents of the reading material according the title and pictures on the textbook	Ss predict the contents	To train the students' ability of forecast, divergent and autonomous thinking

续表

Procedures	Time & Mode	Teaching Activities	Learning Activities	Design Purpose
Step3: While-Reading	25' IW GW	T guides the Ss to read for the traits of the Winter Olympic Games. Guide the Ss to read for the charm of 3 different winter sports. Read the supporting evidence and infer the traits of 3 different winter sports	Ss find the descriptions and understand the traits the Winter Olympic Games	To practice the skills of reading To train Ss to think autonomously. Ss cooperate with group members, developing their divergent thinking as well
Step 4: Post-Reading	7' GW	Discussion & Sharing: Which sport do you think should be added to the Olympics? Why? Ask the Ss to share their choices and reasons. Ss write the introduction by applying some language and literary devices	Discuss which sport should be added to the Olympics	To transfer what they have learned into practice. To apply the structure and expressions into their presentation and composition. To cultivate the correct attitude towards health and fitness

续表

Procedures	Time & Mode	Teaching Activities	Learning Activities	Design Purpose
Step 5: Ending	2' IW PW	T asks the Ss to share their draft. T guides the Ss to evaluate others' writing. T guides the Ss to polish their writing according to others' evaluation	Ss enjoy the words	Help Ss consolidate what they have learnt in class
Step 6: Summary and Homework	2' CW	T can polish the draft by praising the good aspects and pointing out that could be improved. Ss are supposed to finish the homework and rewrite the article	Ss revise the language focuses again and appreciate the evaluation from their partners	To practice writing skills

6. 板书设计

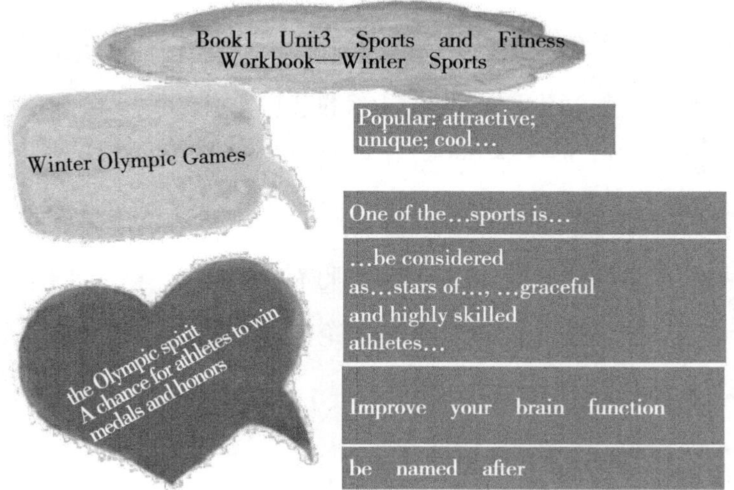

7. 学习评价

评价时，学生请从1~5中选择一个数字。其中，“1”代表非常不同意、“2”代表不同意、“3”代表无所谓、“4”代表同意、“5”代表非常同意。

方面	程度
通过上这节课，我了解本课时的主题意义	1　2　3　4　5
通过上这节课，我能运用本课时话题词汇链进行写作	1　2　3　4　5
通过上这节课，我能概括文章的内容、结构和修辞手法	1　2　3　4　5
通过上这节课，我能理解体育精神，对竞技体育形成正确的价值观	1　2　3　4　5

8. 教学反思与改进

教师方面

整节课的教学思路清晰，在阅读方面，让学生学会从作者的角度深层解读文本，培养学生形成独立思考的意识，让学生学会自主提出基于文本的问题。在口语方面，注重学生语料库建设，搭建语言支架，帮助学生提升语言能力。在活动设计方面，立足于学情，由易到难，层层递进。在主题意义探究方面，引导学生理解体育精神，树立正确的健康观。在教学评价方面，本课设置了小组讨论活动和学生展示环节，教师点评到位。

学生方面

整节课学生的参与度高，表现出浓厚的学习兴趣。课堂上活动形式多样，包含师生互动、学生讨论和小组合作，在合作中学习与进步。学生展示环节精彩纷呈，达到了预期目标。在主题意义探究方面，学生了解了冬奥会的特点，深度解读文本，理解体育精神。本课设置了小组活动和学生展示环节，课堂活跃度高。

改进措施

本堂课主要存在的问题是课堂容量偏大，学生写作及小组讨论的时间不充足，教师应给学生更多时间，让学生在充分理解文章结构和语言特色的基础上，进行深入思考，使学生有更高质量的输出。新课程理念之下，阅读课不仅要关注学生的读，更要关注学生读的策略培养，以及读中、读后的思与写。教师应引导学生进一步对比、分析，综合锻炼学生的思维能力，然后让学生运用课上所学内容进行写作，考察学生的综合能力。

9. 课时练习

(　　) 1.The rise in consumer spending is an encouraging__________ that the economy may be recovering.

A. symptom　　B. solution　　C. sign　　D. subject

(　　) 2. With the _______ of scientific research, cloning will have several major uses in the future.

A. advance　　B. literature　　C. solution　　D. movement

(　　) 3. A Red Cross _______ managed to help the homeless.

A. volunteer　　B. teenager　　C. freshman　　D. graduate

(　　) 4. It is normal for students to feel ________ before the examination even though they have prepared well.

A. confident　　B. anxious　　C. intelligent　　D. responsible

(　　) 5. All those scientific and technological ________ make our life increasingly more convenient and comfortable.

A. traditions　　B. advances　　C. exchanges　　D. challenges

6. As a freshman, I'm ready to face all those new __________ (challenge) on campus.

Answers:

1~5 CAABB； 6. challenges

课时教学设计3

第3课时	共8课时
课题	Tag Questions
课型	Discovering Useful Structure 新授课

1.教学内容分析

本课时的课题是"Tag Questions"。本课时为语法课，涉及的语法为附加疑问句，又称反义疑问句。本课时为学生实现本单元的语言能力目标和学习能力目标奠定了重要基础。附加疑问句常见于非正式对话中，其功能是说话者向对方确认自己的陈述或者判断，也可以用于祈使句表示请求或者建议。在一些特殊情况中，附加疑问句还可以用来表示对他人刚说过或者暗示过的内容的反应，如感兴趣、怀疑、吃惊、愤怒等。附加疑问句由陈述部分和附加疑问部分构成，而附加疑问部分常由助动词、be动词或情态动词和表示主语的代词构成。附加疑问句的回答要注意与"事实"相符，它与中文表达有一定的差异；附加疑问句的陈述部分一般读降调，而疑问部分在表示疑问或请求时读升调，在表示求证或希望对方同意时读降调。

本课时遵循“Presentation–Practice–Production”的语法教学原则。在知识呈现环节，学生将系统地学习附加疑问句相关知识。在练习巩固环节，学生将进行语法游戏“Tic–tac–toe review”，以整合知识、调动班级积极性。在产出环节，学生将用所学知识进行英语对话。在作业环节，学生将画一幅思维导图，呈现附加疑问句中较为特殊和重要的情况。

本课时引导学生打好语言基础，进而让学生顺利、流畅地表达自己对体育运动的看法。此外，本课时涉及的语言材料能够激励学生了解体育运动、参加体育运动、热爱体育运动。再者，本课时中一些教学活动能够有效地培养学生应用迁移的能力与深度思考的能力。

2. 学生分析

授课对象为高一学生，学习态度踏实认真，对英语的学习兴趣较为浓厚。在语法知识方面，学生在初中阶段接触过附加疑问句，对其基本结构和回答方式有所了解。但是，对于附加疑问句涉及的特殊情况，他们还了解得不够全面。在语言表达方面，使用附加疑问句进行流畅口语表达需要较多的练习和较为全面的语法知识，所以这对学生来说仍然具有挑战性。

3. 教学目标

核心素养	教学目标
语言能力	学生能够掌握附加疑问句的基本功能、基本结构、回答方式、语音语调、特殊情况等基本知识点；学生能够运用所学知识完成语法练习和口语表达

续表

核心素养	教学目标
文化意识	学生通过本课时培养及加强对语法学习的兴趣，进而领略英语这门语言的魅力。学生通过口语表达的活动，增进对体育知识的了解，培养对体育运动的热爱
思维品质	学生在探索附加疑问句的功能和在归纳汇总相关知识点时，培养自己深度思考的能力，提升思维的灵活性和逻辑性
学习能力	学生能够对所学的附加疑问句的相关知识，进行应用、类比与迁移；学生能够对附加疑问句的特殊情况进行分类汇总，提高提炼关键信息的能力

4. 学习重点和难点

重点：学生能够了解附加疑问句的基本功能、基本结构、回答方式以及语调问题等，顺利地用附加疑问句表达自己的看法。

难点：学生掌握附加疑问句的特殊情况，并对其分类汇总，画出思维导图。

5. 学习活动

Note：T= Teacher；Ss=Students；1’=1 minute；

IW= Individual Work；GW= Group Work；CW= Class Work

Procedures	Time & Mode	Teaching Activities	Learning Activities	Design Purpose
Step 1: Lead-in	2' CW IW	T presents a dialogue concerning the upcoming sports meet which includes many tag questions	Ss guess the function of tag questions	To capture Ss' interests and introduce the topic in this lesson—tag question
Step 2: Presentation	20' CW IW	T randomly chooses a student to answer the question: what makes up a tag question. T presents some tag questions and their answers. T asks the Ss to summarize how to	Ss recall the components of tag questions. Ss review what they have already learnt—answer a tag question based on the "fact" rather than the "form"	To guide Ss to recall some basic knowledge regarding tag questions learnt in junior middle school. To get Ss familiarized with the form and structures of tag questions.

续表

Procedures	Time & Mode	Teaching Activities	Learning Activities	Design Purpose
Step 2: Presentation	20' CW IW	answer a tag question. T plays an audio including tag questions. T asks the Ss to summarize the intonation rule in pronouncing tag questions. T presents some groups of sentences and guides the Ss to summarize the rule implied by the sentences. Each group shows a special case	Ss try to conclude that tag questions are usually read with rising intonation, but in special cases, with falling intonation. Ss attempt to summarize the rule one by one	Ss should pay attention to some special cases in process of learning tag questions

续表

Procedures	Time & Mode	Teaching Activities	Learning Activities	Design Purpose
Step 3: Practice	10' GW	T organizes a game called "Tic-tac-toe review". In each round, two teams come to the platform and then compete with each other. When a team gets three numbers in a line (vertical, horizontal or diagonal), they win. T uses this game to test their understanding of tag questions	In each round of the game, Ss send two teams to the platform (each team around 5 members). During the game, the contestants should choose a number each time. Behind these numbers are questions concerning tag questions	To check Ss' understanding of tag questions. To consolidate Ss' understanding of tag questions. To arouse Ss' interests in grammar learning through games

续表

Procedures	Time & Mode	Teaching Activities	Learning Activities	Design Purpose
Step 4: Production	5' PW	T asks the Ss to use tag questions to do role- play about the preparation of the sports day	Ss work in pair to do role-play, discussing how to prepare for the upcoming sports day	To lead Ss to apply what they have learnt to their English output. To deepen Ss' love for sports and fitness
Step 5: Summary and Homework	3' CW	T summarizes the language points presented in this lesson. **Homework** Compulsory: Ss finish the corresponding worksheets. Optional: Ss finish a mind map concerning the special cases	Ss listen to T's summary carefully. Ss finish the assignments carefully	To let Ss have a systematic impression of tag questions. To encourage Ss to synthesize the language knowledge in a logical and vivid way

6. 板书设计

①What is the function of tag questions?

②What is the structure of a tag question?

③How to answer a tag question?

④How to read a tag question?

⑤ When you write a tag question, you should realize that…

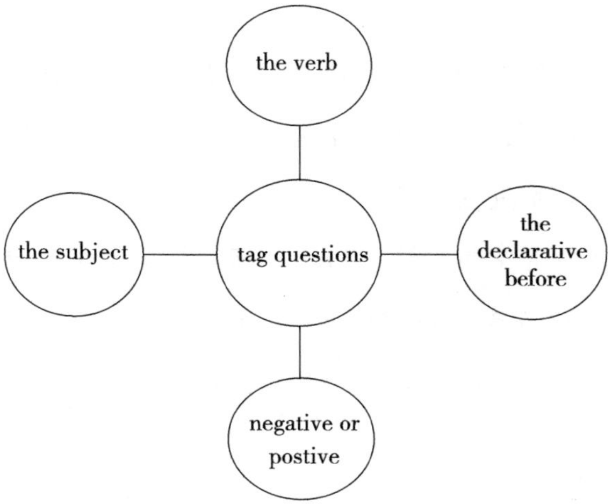

(some cases you should be highly aware of)

7. 学习评价

评价时，请从1~5中选择一个数字。其中，“1”代表非常不同意、“2”代表不同意、“3”代表无所谓、“4”代表同意、“5”代表非常同意。

方面	程度
通过上这节课，我熟练地掌握了本节课涉及的知识点	1 2 3 4 5
通过上这节课，我提升了自己迁移应用、归纳总结等学习能力	1 2 3 4 5
通过上这节课，我增强了对英语语法学习的兴趣	1 2 3 4 5
通过上这节课，我提升了思维的灵活性和逻辑性，培养了深度思考的能力	1 2 3 4 5

8. 教学反思与改进

课堂进度比预期偏慢，可见对学生的语法知识掌握情况、学习能力等方面的预估可以更精确一些。课堂上与学生互动的时间没有得到很好控制，导致一些环节完成有些仓促。改进设想是把重点放在学生语言能力的培养上，多引导学生表达。另外，课堂组织效率要进一步提升，可以变换不同的互动方式。后续教学时，可以在语言输入和语言输出中，再次涉及附加疑问句，以巩固学生对本课时知识的掌握。

9. 课时练习

(　　) 1. —Let's go swimming, ______?

—OK. Let's go.

A. do you

B. don't you

C. will you

D. shall we

(　　) 2. —Rose, we will start at six tomorrow morning. Don't be late,

______? —________, I'll be there on time.

A. won't you; Yes, I will

B. will you; Yes, I will

C. will you; No, I won't

D. won't you; No, I won't

(　　) 3.I don't think dropping litter is allowed in Yellow River Park, _____?

A. do I

B. is it

C. isn't it

D. don't I

(　　) 4.—He's never told lies, _____ he?

—_____, he's an honest boy.

A. is , No

B. isn't , Yes

C. has , No

D. hasn't , Yes

(　　) 5. There is little milk in the glass, _______?

A. isn't it

B. isn't there

C. is there

D. is it

6. I don't think she cares, __________?

Answers:

1~5 DCBCC; 6.does she

课时教学设计4

第4课时	共8课时
课题	Sports Legends
课型	Reading and Thinking 新授课

1.教学内容分析

【What】

从内容上看，本文的导语部分提供了活动情景，请读者投稿推选体育界的传奇式人物，并列出了两条标准：一是“masters in their sports”；二是“set good examples for others”。正文围绕这两条标准展开，介绍了郎平和乔丹两位体育运动员的主要事迹和优秀品质。正文用两个段落（各约150词）分别介绍这两位体育界传奇式人物，两人虽然在国籍、种族、肤色、性别等方面存在差异，但都在体育方面取得伟大成就，在做人和做事方面都是“模范”。

【Why】

文本通过具体的例子讲述了郎平克服困难，带领团队走向胜利；乔丹不仅在篮球领域成就突出，还热心公益。文章生动诠释了这两位传奇式人物如何树立好的榜样。文本主题明确，通过介绍中外杰出运动员，让学生评选心目中的体育界传奇式人物，体会真正杰出的运动员作为模范和榜样的力量，从而引导学生探究本单元的主题意义。该文引导学生学习体育精神，不畏艰难、迎难而上、乐于助人、奉献社会，乐观面对挑战。

【How】

从体裁上看，本文属于杂志文章，有明显的结构特征和语言特征。

在结构方面，本文结构清晰，由标题、导语、正文、补充信息和插画组成，杂志体裁特征明显。杂志文章标题采用特别的修辞手法吸引读者的注意。正文由两个小标题引出两段语篇，其中，对郎平的介绍采用“总—分”结构和时间顺序，对乔丹的介绍用过渡句承上启下，引出乔丹的精神品质：坚持不懈、从失败中学习。

在语言方面，本文使用了排比、例证、夸张、引言等，生动形象地描述了事实性信息并反映了人物的性格和精神品质，使人印象深刻。介绍郎平的段落采用了排比和例证的手法，首先用三个“As”引导的排比句介绍了郎平的成就，然后通过举例说明郎平如何克服困难带领球队走向辉煌，例证虽简洁但结构完整。介绍乔丹时，采用了夸张和引言的手法，描述他职业生涯的巨大成功和乐于助人的品质。

2. 本课时价值分析

本课时是单元主题意义的主要组成部分，通过介绍体育界传奇式人物，引导学生学习运动员的品质，理解体育精神，形成热爱体育、全民体育的观念。核心内容对发展学生核心素养具有重要意义：通过总结体育运动词汇链，引导学生语言输出，提升语言能力；让学生学会从作者角度思考问题，与作者对话，提升高阶思维。探究主题意义，培养学生批判性思维，让学生理解体育精神，从而形成文化意识。

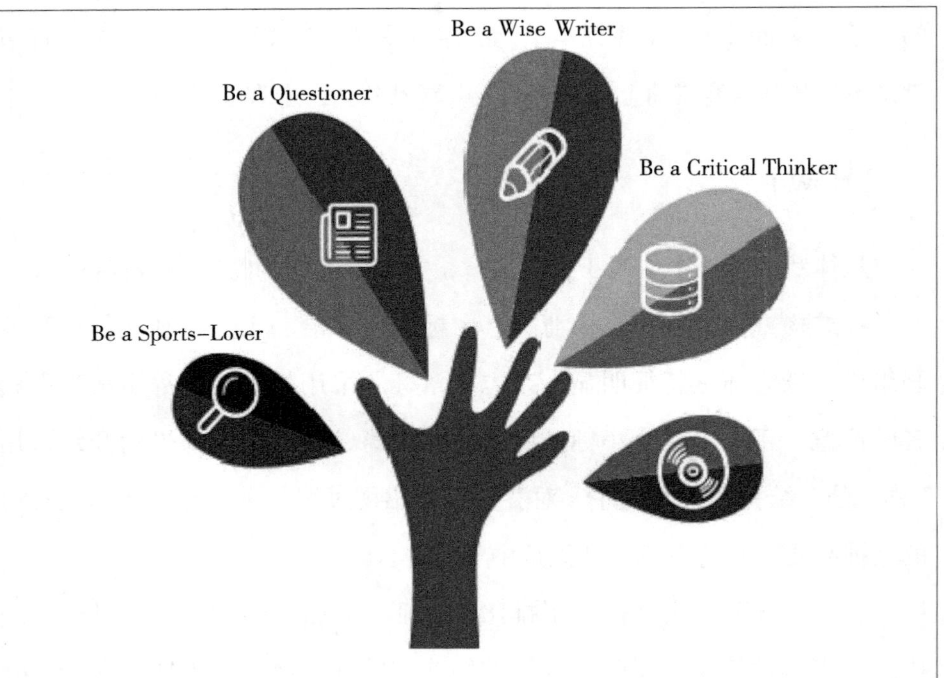

3. 学生分析

授课对象为高一学生，学习态度认真，对于体育话题感兴趣。在阅读方面，大部分学生具备获取细节信息的能力，但多数学生在整合知识、逻辑推理和批判性评价方面的能力，仍有较大进步空间，他们希望提升阅读能力、学习阅读技巧。在口语表达方面，部分学生具有较强的思维能力、语言表达能力和强烈的表现欲望，能自信地用英语表达观点，但还有一些学生运用英语连贯发表看法和进行批判评价的能力都比较弱，需要教师鼓励和帮助他们勇敢表达观点。在写作表达方面，学生具备基本的写作能力和较强的学习迁移能力，但是欠缺体育话题的语料库，教师需要创建真实语境，帮助学生输出学习成果。

4. 教学目标

核心素养	教学目标与要求
语言能力	词汇：学生能运用以下词汇链 Identity：athlete，coach，player，captain Difficulty：a big challenge，be injured，failure，her determination was tested，never give up，didn't lose heart Achievements：world champions，bring honor and glory to one's country，lead her team to medals，graceful movements and jumps，impressive skills，unique mental strength 表达：概括人物介绍类文章的内容、结构和修辞手法，讲述心中的体育界传奇式人物
文化意识	学生意识到无论性别、种族、肤色，人人都有书写奇迹的可能。教师引导学生探究主题意义，理解体育精神和“All sports for all people”的内涵
思维品质	①能用 Question the Author 策略，提出高阶思维问题 ②探究主题意义，培养学生批判性思维
学习能力	①能够借助图片和标题，预测文章内容 ②学会从作者角度思考问题，与作者对话

5. 学习重点和难点

重点：学会使用 Question the Author 策略，向作者提问，提出高阶思维问题；引导学生探究主题意义，理解体育精神和“All sports for all people”的内涵。

难点：赏析式阅读，概括人物介绍类文章的内容、结构和修辞手法，创造性地迁移到“介绍体育界传奇式人物”的活动上。

6.学习活动

Note: T= Teacher; Ss=Students; 1’=1 minute;

IW= Individual Work; GW= Group Work; CW= Class Work

Procedures	Time & Mode	Teaching Activities	Learning Activities	Design Purpose
Step 1: Lead-in	3’ CW IW	T goes in with a volleyball and asks the Ss to recommend a volleyball coach for her. Search on the Internet, play video clips of the documentary “*The Iron Hammer*”, and lead to the theme— “Sports Legends”	One student volunteer shows some basic volleyball skills. Watch the video and answer what are the similarities between Lang Ping and Michael Jorden	Create a real-life situation to lead to the topic. Use video clips to activate students’ knowledge and create reading expectations

续表

Procedures	Time & Mode	Teaching Activities	Learning Activities	Design Purpose
Step 2: Be a Questioner *Activity 1 Question the Author*	15' CW GW	Making proper predictions about the genre and content. T shows the Ss *Question the Author* strategy, and gives some sample questions about the content, structure, and language of the text of Lang Ping. Show Time: Interview the Author 1) Interviewers: come up with questions regarding content, structure, and language 2) The author: gives answers by using evidence from the text as well as one's own understanding and interpretation 3) T and Ss evaluate the effectiveness of the questions and answers. Draw a *Sportsmanship Tree* on the blackboard	Based on the pictures, titles, and layout of the text, Ss make predictions. Ss practice *Question the Author* strategy with scaffolding questions provided and raise questions about the text of Michael Jorden. Ss work in groups to prepare an interview where the author is to answer questions raised by different interviewers. Ss summarize the good qualities of the legends	Identify the text type to facilitate retrieving and summarizing information later. Engage students with the text to create deeper thinking by allowing students to think as the author and ask sensible questions. T and Ss jointly explore the qualities of living legends to gain a better understanding of sportsmanship

续表

Procedures	Time & Mode	Teaching Activities	Learning Activities	Design Purpose
Step 3: Be a Wise Writer *Activity 2 Recommend a Living Legend of Sports*	10' GW	T draws a mind map and summarizes how to write a good biography to make it gist-oriented, logical, vivid, and get prepared for later writing. Group work: *Recommend a Sports Legend.* Divide the Ss into groups of 6. Each student has a different task, and cooperate with each other to complete the recommendation	Ss grasp the key elements of writing a biography. Ss work in groups to complete the task, with the lexis provided. Ss evaluate the writing in terms of content, structure, and language	Guide students to summarize what has been learned using a mind map. Apply what we've learnt to cooperate with group members and keep engaged in writing

续表

Procedures	Time & Mode	Teaching Activities	Learning Activities	Design Purpose
Step 4：Be a Critical Thinker *Activity 3 Explore the theme*	10' IW	Explore the title and theme of the text ① What did the author more concerned about? Impressive skills or examples? Why? ② Can all the sports champions be called "legends"? ③ What's your understanding of the keyword "legends"? Give your own definition. ④ Why does the author choose Lang Ping (female, Chinese) and Jorden (male, American) as the first two choices?	Ss share their answers to these open-ended questions. Ss give their own definition of the word "legends". Ss explore the title and theme of the text	Further explore the thematic meaning. Cultivate critical thinking ability by encouraging Ss to think out of the box

续表

Procedures	Time & Mode	Teaching Activities	Learning Activities	Design Purpose
Step 5: Summary and Homework	2' CW	T made a summary Layered Assignments Required：应用文写作（2020年全国I卷书面表达改编）你校正在组织英语作文比赛。请以体坛传奇式人物为题，写一篇短文参赛，内容包括：1.人物简介。2.选取该人物的原因。（词数100左右） Optional: Make a poster of your understanding of sportsmanship. Search for more information about the sports legends in other areas, such as science, agriculture, and medicine	Ss watch the corresponding video of the text. T motivates the Ss to face challenges in life bravely and create miracles of their own. Finish the assignment	Extend beyond the text and consolidate what has been covered. Nourish students' souls with a thought-provoking video clip. Layered homework for students with different levels of language proficiency

7. 学习评价

基于课程六要素的单元整体自我反思及评价量表

课程内容	反思内容	自我评价				
		1	2	3	4	5
主题	你学习体育界传奇式人物的品质了吗					
	你是否了解本课时的主题意义					
语篇	你是否熟悉杂志类说明文文本特征					
	你能概括文章的内容、结构和修辞手法吗					
语言知识	你能运用本课时话题词汇进行写作吗					
语言技能	你能用本课时所学内容描述你心中的体育界传奇式人物吗					
文化知识	你是否理解体育精神					
学习策略	你会借助图片和标题，预测文章内容吗					
	你会从作者角度思考问题，深入文本分析吗					

8.教学反思与改进

从目标达成来看，本节课顺利完成教学任务，也基本达到了预期目标。通过这节课，学生学会了与作者对话，与文本对话，培养批判性思维。学生们学习了伟大运动员的优秀品质，并能运用话题词汇介绍一位体育界传奇式人物。本节课使学生思维打开、情感升华，实现了学科育人。

教师方面

整节课的设计思路清晰，在阅读技巧方面，本课时让学生使用Question the Author策略，学会从作者的角度深层解读文本。让学生学会自主提出基于文本和超出文本的问题，有效促进高阶思维的生成，真正培养学生深度思考的能力。在口语输出方面，注重语料库建设，帮助学生用口语顺利输出，提升语言能力。在活动设计方面，立足于学情，设置了学习理解、应用实践、迁移创新三类活动，由易到难，层层递进。在主题意义探究方面，引导学生关注传奇式人物的优秀品质和体育精神，使学生深度解读文本。在教学评价方面，本课为学生设置了较多的小组活动和展示环节。

学生方面

整节课学生的参与度非常高，表现出浓厚的学习兴趣。本节课活动形式多样，取得了较好的效果，学生达到了学习目标，实现了从基于语篇的信息输入，到深入语篇的初阶输出，再到超越语篇的高阶输出。在主题意义探究方面，学生理解了传奇式人物的体育精神。在课堂最后，学生根据自己的学习情况，完成了《基于课程六要素的单元整体自我反思及评价量表》。

改进措施

本节课主要存在的问题是学生展示时间不够充裕，有以下几个改进措施。第一，适当减少课堂容量，如适量删减阅读部分的问题和任务。第二，调整小组学生数量，改为每个小组共四位学生，让每位学生有充分的时间讨论。第三，布置前置性作业，在课前让学生搜索传奇式人物的背景知识并在课上进行展示。

9. 课时练习

阅读课文，选择正确答案。

(　　) 1. Where is the text probably from?

A. A travel brochure

B. An encyclopedia

C. A sports magazine

D. A science report

(　　) 2. What is the type of the text?

A. A biography（传记）

B. A novel

C. An advertisement

D. An argumentation（议论文）

(　　) 3. What does the passage mainly talk about?

A. The success and contributions of Lang Ping and Jorden.

B. How Lang Ping and Jorden succeeded as a teenager.

C. The impressive skills of Jorden and Lang Ping.

D. The honor and glory Lang Ping and Jorden got.

(　　) 4. What is the function of the sentence "His skills were impressive, but the mental strength he showed made him unique"?

A. Topic sentence

B. Supporting sentence

C. Transitional sentence

D. Concluding sentence

(　　) 5. What tested Lang Ping's determination?

A. That her team did work as a team.

B. One best player's heart problems.

C. The team captain's injury.

D. Losing two important players.

6. What's your understanding of the key word "legends"?

____

____

____

Answers:

1~5 CAACD;

6. Legends should influence others in a positive way and contribute to the development of human beings.

课时教学设计5

第5课时	共8课时
课题	Give Your Opinion on Sportsmanship
课型	Listening and Talking 新授课

1. 教学内容分析

本课时的课题是“Give Your Opinion on Sportsmanship”。本课时为听说课，学生通过听三人对话，了解不同的人对体育运动的看法。听力理解过程中，学生还要注意英语表达“同意”和“不同意”的方式。

学生通过前几个课时的学习，已经了解了不同体育运动和两位伟大的运动员。本节课的目的是帮助学生深入理解体育精神的内涵，让学生对竞技体育运动中的“输赢”形成正确的价值观。

本课时的学习内容主要关注学科核心素养中的思维品质和学习能力。学生通过对不同观点进行比较与判断，锻炼分析与批判的思维能力。

2. 学生分析

本节课的授课对象为高一学生，体育运动是他们非常感兴趣的话题之一，他们思维活跃，能根据体育话题表达自己的观点。在引导学生理解体育精神的过程中，需要注意帮助学生厘清对话逻辑，使其能就体育赛事中的人和事发表观点。

3. 教学目标

核心素养	教学目标
语言能力	学生掌握表达“同意”和“不同意”的多种表达方式
文化意识	学生能够通过判断与沟通，对体育精神形成正确的价值判断
思维品质	学生通过分析与批判，建构体育精神，能够批判性地看待体育运动中的各种现象
学习能力	学生通过自主学习、合作学习，从多角度、新视角去观察和理解语言，积极争取学习和表现的机会，用英语进行有效的沟通交流

4. 学习重点和难点

重点：听取客观信息并推断讲话者的观点和意图，对不同观点表示“同意”或“不同意”。

难点：根据体育精神发表自己的观点。

5. 学习活动

Note：T= Teacher；Ss=Students；1’=1 minute；

IW= Individual Work；GW= Group Work；CW= Class Work

Procedures	Time & Mode	Teaching Activities	Learning Activities	Design Purpose
Step 1: Lead-in	5' CW IW	T plays a short video clip about footballers pretending to fall down in matches. T asks Ss' feelings about the scenes in the video clip	Ss are supposed to express their attitude towards the video clip	To arouse Ss' interest and introduce the topic of the lesson
Step 2: Before Listening	3' IW	T asks the Ss to predict the contents of the conversation according to the given information	Ss predict the contents and think about the possible dialogue	To practice the listening skills learned in units 1, 2 &3
Step 3: Listening Comprehens-ion	5' IW	T plays the recording for the first time and asks the Ss to match their opinions with the right speakers. T plays the recording for the second time and asks the Ss to circle the expressions heard	Ss match the opinions according to what they hear. Ss circle the expressions heard in the conversation	To acquire the information. To learn the expressions used to describe agreement and disagreement

续表

Procedures	Time & Mode	Teaching Activities	Learning Activities	Design Purpose
Step 4: Discussion and Presentation	7' PW	T asks the Ss to work in pairs and discuss the opinions of Cao Jing, Lily, and Max. T invites some volunteers to present their opinions	Ss discuss the different opinions and use the expressions printed in the textbook. Volunteers give their opinions	To analyze the reasons why people have different opinions and make a correct judgment on sportsmanship
Step 5: Group Discussion	15' GW	T introduces the 4 scenes of Part 3 in the textbook and asks the Ss to choose one of them. T organizes the class into 4 groups according to Ss' choices	Ss select one of the given scenes and voice their opinions towards it. Ss share their opinions and exchange ideas with group members	To internalize the value of sports and apply the attitudes towards certain phenomena. To encourage Ss to express opinions and practice the expressions about agreeing and disagreeing

续表

Procedures	Time & Mode	Teaching Activities	Learning Activities	Design Purpose
Step 6: Summary and Homework	5' CW	T summarizes the lesson from the usage of expressions used to describe agreeing and disagreeing as well as the meaning of sportsmanship. T assigns homework of writing a composition: What is sportsmanship	Ss review the usage of expressions to show agreement and disagreement. Ss have a deeper understanding of sportsmanship	/

6. 板书设计

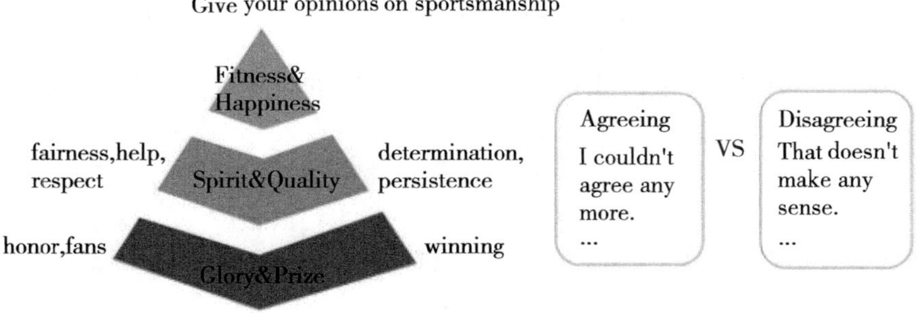

7. 学习评价

评价时，请从1~5中选择一个数字。其中，“1”代表非常不同意、“2”代表不同意、“3”代表无所谓、“4”代表同意、“5”代表非常同意。

方面	程度
通过上这节课，我熟练地掌握了本课时涉及的语言知识	1 2 3 4 5
通过上这节课，我学会了表示“同意”和“不同意”的多种表达方式	1 2 3 4 5
通过上这节课，我加深了对体育精神的了解	1 2 3 4 5
通过上这节课，我培养了自己对待事物的批判性思维	1 2 3 4 5

8. 教学反思与改进

本节课授课过程中学生表现良好，能够对体育竞赛中的一些不良现象表明自己的观点，树立正确的体育精神。

根据学生课堂表现，本节课的教学内容还可以拓展广度和深度，更加高效地促进学生思维发展。

本节课的完成，对学生理解“All sports for all people”有非常重要的作用，也对课程主题由体育运动向身心健康的转变起到衔接作用。

课时教学设计6

第6课时	共8课时
课题	Going Positive
课型	Reading for Writing 新授课

1. 教学内容分析

本课时的教学内容是“为健康簿编写一页内容”，从健康的角度探讨体育与人们生活的关系。学生阅读文本，了解青少年对健身的正确态度，学习比较和对比的基本写作方法，对自己的心理健康情况（如压力、自信）和身体健康情况（如锻炼、饮食）进行反思，对比过去与现在，对将来进行规划，培养关注健康的意识，形成正确的健康观。

2. 学生分析

本节课的学生是高一学生，英语基础良好，大多数学生喜欢体育运动，对健康相关话题感兴趣，能针对健康话题表达自己的看法。学生有可能存在的困难是相关词汇量不足，影响学生的口语或书面表达。

3.教学目标

核心素养	教学目标
语言能力	学生掌握对比类文章的结构特征，积累表示相似或不同的词汇、短语和句型
文化意识	学生通过对比不同健康观念对个人生活产生的影响，形成并认同正确的健康观念，将语言学习转化为生活品格
思维品质	学生能够批判性地看待生活中一些不健康的习惯
学习能力	学生学习对比类文章的结构特征，经过理解、内化后，掌握对比类文章的写法。学生尝试按照评分表的项目对同学的作文进行评价，培养自主学习的能力

4.学习重点和难点

重点：梳理归纳对比表达的语言特色，辨识总结表达相似和差异的词汇的应用。

难点：结合获取的信息，应用所学内容，参考本文框架，为班级健康簿编写一页内容。

5.学习活动

Note：T= Teacher；Ss=Students；1’=1 minute；

IW= Individual Work；GW= Group Work；CW= Class Work

Procedures	Time & Mode	Teaching Activities	Learning Activities	Design Purpose
Step 1: Lead-in	3' CW IW	T shows two pictures of a fat person eat junk food and a fit person, asking Ss to choose which one they prefer	Ss express their preference and explain the reason	To arouse Ss' interest and introduce the topic of the lesson
Step 2: Before Reading	2' IW	T asks the Ss to predict the contents of the reading material according to the title and the picture in the textbook	Ss predict the contents	To practice the reading skills
Step 3: Reading Comprehension	8' IW CW	T asks the Ss to pay attention to the 3 questions on P42 and then read the article *GOING POSITIVE.* T asks the Ss to focus on the features of the language used to make a comparison	Ss read the article and then check the answers with T. Ss finish the chart on P42 concerning the organization and language features	To practice the skills of detailed reading. To learn the structure of the article and the expressions used to make comparisons

续表

Procedures	Time & Mode	Teaching Activities	Learning Activities	Design Purpose
Step 4: Discussion	15' GW	T asks the Ss to choose one of the 4 questions on P43, which are about their daily life to share their experience: exercise, stress, self-confidence, and food. T reminds the Ss to pay attention to the structure and language features listed on the blackboard. T asks the Ss write down their wellness guidance	Ss choose a topic they are interested in and discuss it. Ss should follow the structure of the article on P42 and use the expressions from the article. Ss should also pay attention to the writing tips in Part 3 on P43	To transfer what they have learned into practice. To apply the structure and expressions into their presentation and composition. To cultivate the correct attitude towards health and fitness

续表

Procedures	Time & Mode	Teaching Activities	Learning Activities	Design Purpose
Step 5: Exchange Draft and Polishing	7’ IW PW	T asks the Ss to exchange their composition with partners. T explains the items on the checklist and guides the Ss to evaluate others’ writing. T guides the Ss to polish their writing according to others’s evaluation	Ss exchange their writing with partners and learn how to assess writing. Ss should follow the items mentioned on the checklist Ss polish their writing	To learn how to evaluate a writing. To innovate new opinions about their daily issues by learning article. To learn the strategy of continuation writing
Step 6: Summary and Homework	5’ CW	T summarizes the lesson by emphasizing the organization and language features of the article. T assesses their writing and evaluates work by praising the good aspects and pointing out what can be improved	Ss revise the language focuses again and appreciate the evaluation from their partners. Ss are supposed to finish the homework and rewrite the article	To summarize the whole lesson. To build up confidence in learning English

6. 板书设计

Going Positive

The past	The present	Result
used to... worried about... compared with... ...	want to... be able to... make a list to stick to... ...	I have become...

Similarity:
like,so,too,be similar to,the same as,in common with...

VS

Difference:
Instead,however, rather than,instead of, different from...

7. 学习评价

评价时，请从 1~5 中选择一个数字。其中，“1”代表非常不同意、“2”代表不同意、“3”代表无所谓、“4”代表同意、“5”代表非常同意。

方面	程度
通过上这节课，我熟练地掌握了如何写对比类的文章	1 2 3 4 5
通过上这节课，我积累了表示相似和不同的多种表达方式	1 2 3 4 5
通过上这节课，我了解了如何按照写作不同维度的标准评价作文	1 2 3 4 5
通过上这节课，我树立了正确的健康观	1 2 3 4 5

8. 教学反思与改进

课堂容量偏大，阅读部分需要教师引导学生，让学生注意对比类文章的结构和表示异同的方式，用时较长，导致后面写作部分的时间较短，学生构思作文的时间不够，缺少有深度的内容。

今后的读写课可以分为两个课时完成，给学生更多阅读和构思作文的时间，让学生在充分理解文章结构和语言特色的基础上，进行深入思考，这样写作才能有更高质量的输出。

课时教学设计7

第7课时	共8课时
课题	The Karsts of China：A Vertical Journey
课型	Video Time 新授课

1．教学内容分析

本课时的课题是“The Karsts of China：A Vertical Journey”。本课时为视频课，给学生播放与攀岩相关的视频，让学生更好地了解喀斯特地貌与攀岩等极限运动。

喀斯特即岩溶，是水对可溶性岩石（碳酸盐岩、石膏、岩盐等）进行以化学溶蚀作用为主，以流水的冲蚀、潜蚀和崩塌等机械作用为辅的地质作用，以及由这些作用所产生的现象的总称。攀岩运动有“岩壁芭蕾”和“峭壁上的艺术体操”等美称，它要求运动者有很强的技巧、耐力和冒险精神，它符合年轻人追寻刺激与冒险的天性，也能培养他们热爱自然、征服自然、克服困难的顽强精神。本视频中，喀斯特景观与攀岩运动员融为一体，贴合了人与自然的主题。

本课时遵循任务型教学法的原则。在看前环节，学生预习好相关的语言知识点，且对喀斯特地貌有基本了解；在看中环节，学生关注视频本身的内容和语言。在看后环节，学生对视频的主题进行深入探索。

本课时为实现本单元的文化意识目标和思维品质目标奠定了重要基础。文化意识方面，本课时说明了壮美的大自然值得人们敬畏，也号召人们在与自然和谐共处的前提下享受自然、挑战自然。在思维品质方面，本课时着重培养学生们的批判性思维。

2. 学生分析

授课对象为高一学生，其英语基础较好，学习态度勤奋认真，对英语学习的兴趣较为浓厚。在英语听力方面，学生提取关键信息的能力较强，但是整合、分析关键信息的能力比较弱。在口语方面，他们口语表达较为流畅，能够让自己的观点被理解，但口语表达的逻辑性有待进一步加强，也有待引入进一步的批判性思考。

3. 教学目标

核心素养	教学目标
语言能力	学生掌握karsts，adventurous，spectacular，erosion，offer up，rock climbing等词和短语；学生能够运用所学知识完成听力和口语活动
文化意识	学生通过本节课增进对喀斯特地貌的了解，培养对祖国大好河山的热爱；与此同时，学生加强对极限运动的了解，让自身对体育运动有更加全面和客观认识
思维品质	学生在对攀岩等极限运动进行口语表达的过程中，提升思维的逻辑性，打破刻板印象，培养批判性思考的能力
学习能力	学生能够提取听力文本中的关键信息以更准确了解攀岩这项运动；学生能够通过与小组成员配合完成讨论，提升自己合作学习的能力

4. 学习重点和难点

重点： 学生了解喀斯特地貌的基本特征，以及了解攀岩运动的基本信息。学生掌握视频中的一些重要词汇表达。

难点： 用英语来客观、全面地阐述对攀岩等极限运动的看法。

5. 学习活动

Note: T= Teacher; Ss=Students; 1'=1 minute;

IW= Individual Work; GW= Group Work; CW= Class Work

Procedures	Time & Mode	Teaching Activities	Learning Activities	Design Purpose
Step 1: Lead-in	6' CW IW	T exhibits some pictures and asks a series of questions to the Ss: What are they? Where can you find this scene? Who first studied the geographical phenomenon in China? T plays a video introducing karsts. T calls a student to answer how karsts are formed	Ss attempt to answer the questions concerning the basic information of karsts. Ss try to figure out how karsts are formed by watching the video	To concentrate Ss' attention on the class, capture Ss' interests and introduce the topic in this lesson rock climbing on karsts

续表

Procedures	Time & Mode	Teaching Activities	Learning Activities	Design Purpose
Step 2: Before Watching	8' IW PW	T asks the Ss to finish the sentence-completing activity on the textbook P46. T presents the two questions: 1) Would you like to have a go at rock climbing? Why or why not? 2)What can rock climbing bring to climbers	Ss finish the sentence-completing work individually without consulting reference books. Ss discuss with their neighbors the two questions	To familiarize Ss with the words and expressions in the video. To engage Ss in watching the video about rock climbing. To guide Ss to consider the meaning of rock climbing
Step 3: While Watching	8' IW	T plays the video for the first time and asks the Ss to check the answers in the sentence-completing activity above. T plays the video for the second time and asks the Ss to fill in the blanks on the slide (T shows the script of the video, whereas some words are taken out)	Ss check the answers quickly and silently. Ss listen to the video verbatim and try to fill in the blanks	To encourage Ss do some self-check and reviewing work. To acquire the basic information concerning rock climbing. To concentrate Ss' attention when they are watching the video

续表

Procedures	Time & Mode	Teaching Activities	Learning Activities	Design Purpose
Step 4: After Watching	15' GW	T asks the Ss to describe their feelings after watching the video in groups of 4: How are they the same as or different from the feelings the climber describes when he talks about climbing the karsts. In order to tell the Ss more about extreme sports, T presents the article on the textbook P86. Then, T asks the Ss to think about the questions in groups of 4: Are extreme sports worth doing or not? Why	Ss describe their feelings after watching the video in groups. Each group should choose a representative to summarize their group's discussion. Ss first read the article aloud together. Then, Ss work in groups, brainstorm the opinions on extreme sports	To consolidate Ss' understanding of the video content. To guide Ss to consider extreme sports (e.g., rock climbing, skiing) in an objective way. To guide Ss to go beyond their stereotypes and cultivate Ss' critical thinking

续表

Procedures	Time & Mode	Teaching Activities	Learning Activities	Design Purpose
Step 5: Summary and Homework	3' CW	T summarizes what Ss have learned in this lesson and appeals to the Ss to regard rock climbing in a comprehensive way. Layered Assignment Compulsory: Finish the corresponding worksheets. Optional: Write a debate script: Should we advocate extreme sports?	Ss listen to T's conclusion carefully. Ss finish the assignments carefully	To let Ss have a panoramic view of karsts, rock climbing as well as extreme sports. To encourage Ss to love nature, love sports and respect different kinds of sports

6. 板书设计

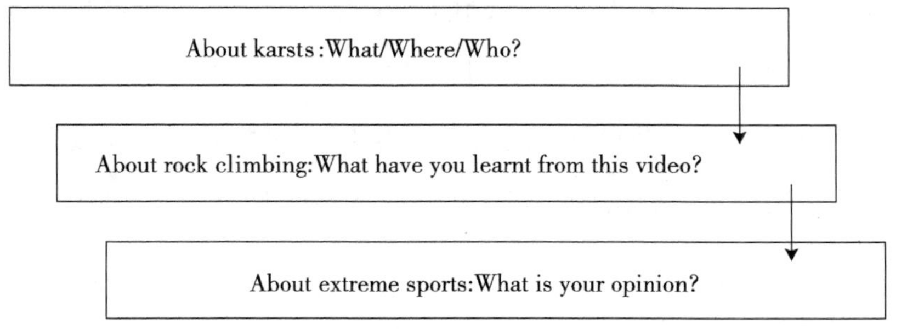

7. 学习评价

请从 1~5 中选择一个数字。其中，“1”代表非常不同意、“2”代表不同意、“3”代表无所谓、“4”代表同意、“5”代表非常同意。

方面	程度
通过上这节课，我熟练地掌握了本节课涉及的语言知识	1　2　3　4　5
通过上这节课，我提升了自己提取关键信息、整合关键信息等能力	1　2　3　4　5
通过上这节课，我加深了对喀斯特地貌以及一些极限运动的了解	1　2　3　4　5
通过上这节课，我学会了更加客观看待事物，培养了自己的批判性思维	1　2　3　4　5

8. 教学反思与改进

课堂进度比预期偏快，因为学生对攀岩运动不够了解，对极限运动难以表达自己的看法。教师在进行教学时对学生的照顾程度还不够高。自我反思后，教师觉得对攀岩运动的分析可以更具体，对极限运动的介绍与讨论亦可以更详细一些。针对不足的改进设想是把重点放在应用实践和迁移创新上，以及更加关注每个学生具体的学情。后续教学时，可以在学生讨论环节，做出更多有针对性的指导反馈。

9.课时练习

(　　) 1. There is a fantastic party tonight and you're most welcome to ______.

A. come about

B. come along

C. come true

D. come out

(　　) 2. When I came across him in the supermarket, he seemed ______ something.

A.to look for

B. to have looked for

C. was looking for

D. to be looking for

(　　) 3. As long as you don't ______, you will succeed sooner or later.

A. lose heart

B. lose interest

C. lose face

D. lose your temper

(　　) 4. He pretended ____ lunch, but actually he ate nothing at all.

A.to have

B. to be having

C. to have had

D. to have been

(　　) 5. You have never been to Guilin, ________?

A. are you

B. aren't you

C. have you

D. haven't you

6. ______________________, you should try your best to achieve it. 一旦你下定决心，就要尽全力实现它。

Answers：

1~5 BDACC；6.Once you have made up your mind.

课时教学设计8

第8课时	共8课时
课题	Introduce Your Sports Interests
课型	Project 新授课

1. 教学内容分析

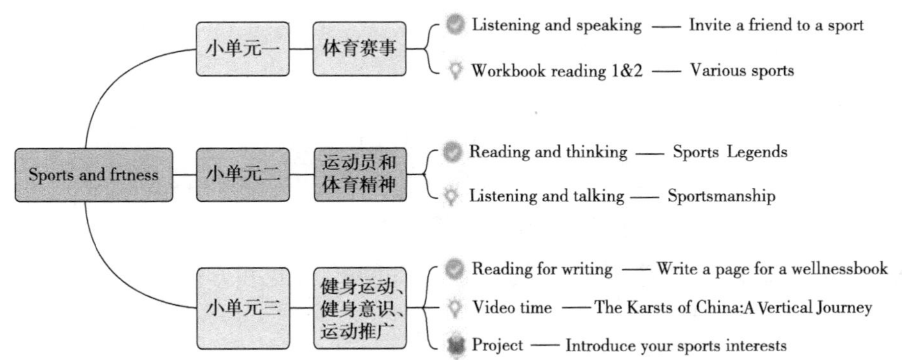

本课时是单元主题意义实现迁移创新的重要部分，通过项目式学习，让学生学会设置目标、实施计划、总结归纳。学生制作调查问卷，调查其他学生的运动兴趣爱好，然后写一份调查报告，向学校建议开设新的运动社团，推广一项体育运动。教师引导学生热爱体育。核心内容对发展学生核心素养具有重要意义：教师通过让学生设计问题，引导学生思考如何提

问，提升他们高阶思维能力。让学生进行现场采访并记录问题的答案，培养学生自主合作、与人沟通的能力。让学生收集数据、撰写报告，培养学生语言输入能力、逻辑能力、数据分析能力和批判性思维。

2.学生分析

授课对象为高一学生，学习态度认真，对于体育话题感兴趣。平时学生对调查接触不多，缺乏相关的知识和实际操作经验，但是他们非常愿意通过项目式学习来学习如何进行调查，并且实地进行调查。在口语表达方面，部分学生具有较强的思维能力、语言表达能力和强烈的表现欲望，能用英语自信表达观点，但还有一些学生运用英语连贯发表看法、阐释意义和批判评价的能力都比较弱，需要教师鼓励他们勇敢表达思想。

3.教学目标

核心素养	教学目标与要求
语言能力	词汇：学生能运用调查类话题相关词汇 表达：学生学会提问，思考提问的角度和方向，让受访者有话可说
文化意识	了解项目式学习的具体操作流程，学会针对问题制订计划并且解决问题
思维品质	1.通过自主设计调查问卷，培养高阶问题思维 2.通过总结数据，撰写调查报告，提升总结归纳的能力 3.通过汇报，并提出自己的建议，提高批判性思维和创新能力

续表

核心素养	教学目标与要求
学习能力	1.能够自主设计调查问卷 2.学会调查沟通技巧，收集数据 3.学会总结数据，撰写调查报告，并进口头汇报

4.学习重点和难点

重点：

①学生通过自主设计调查问卷，培养高阶问题思维；

②学生通过总结数据，撰写调查报告，提升总结归纳的能力；

③学生通过汇报，并提出自己的建议，提升批判性思维和创新能力。

难点：学生学会提问技巧，思考提问的角度和方向，让受访者有话可说。

5.学习活动

Note：T= Teacher；Ss=Students；1'=1 minute；

IW= Individual Work；GW= Group Work；CW= Class Work

Procedures	Time & Mode	Teaching Activities	Learning Activities	Design Purpose
Step 1：Lead-in	3' CW IW	T asks the Ss some questions and leads to the topic. (1) What is your favorite sport? (2) At what time of day do you like to do sports?	Ss answer questions and learn how to raise questions in a survey	Create a real-life situation to lead to the topic

续表

Procedures	Time & Mode	Teaching Activities	Learning Activities	Design Purpose
Step 2: Write Good Survey Questions	7' CW GW	Play the video: Writing Good Survey Questions Making a question chain according to the survey background: *Your school wants to start some new sports clubs. Which clubs would best meet students' interests and needs?* Show Time: Do a survey 1) Interviewers: come up with questions regarding sports interest. 2) The interviewee: give answers based on one's own understanding and interpretation.	Ss learn how to make good survey questions. Ss form a group of 6. Based on the background of the survey, Ss discuss and make some related questions. Ss work in groups to prepare an interview where the interviewee is to answer questions raised by interviewers	Use video clips to activate Ss' knowledge and give guidance Create deeper thinking by allowing students to think and ask sensible questions

续表

Procedures	Time & Mode	Teaching Activities	Learning Activities	Design Purpose
Step 3: Group Interview *Activity 1 8-minute Interview*	10' GW	Based on the prepared survey questions, each student is required to interview 5 students and collect data. Ss cooperate with each other to analyze the survey data and complete the report.	Ss carry out the survey. Ss sit face to face, and ask questions, after 2 minutes, they exchange seats with students from other groups. Come back to their own seats and discuss the survey results	Guide Ss to carry out the survey. Apply what we've learnt and cooperate with group members and keep engaged in writing
Step4: Peer Assessment *Activity 3 Gallery Walk*	10' GW	Exhibit all the group's written report in different corners of the classroom, and Ss move as a group to appreciate other group's work. Ss write their comments beside the report. Ss revise their group work according to the comments	Ss assess classmates' work and give comments. T chooses the best three groups and ask the group to give an oral presentation	Learn to appreciate other group's work and give comments. Improve their own works based on other students' comments and suggestions

续表

Procedures	Time & Mode	Teaching Activities	Learning Activities	Design Purpose
Step 5: Oral Report	8' GW	Group Work: Oral Report. One student acts as the school representative, and the other students give suggestions to the school about setting up sports club. · the students give a report, including the questions they asked, and the results of the survey. Give some specific and feasible suggestions to the school · the school representative gives some feedback according to the suggestions	Students cooperate with each other to finish the performance. They not only show the result of the survey, but also learn to give feasible suggestions to make the survey convincing	Cultivate critical thinking ability by encouraging Ss to think out of the box. Learn to give suggestions and feedback

续表

Procedures	Time & Mode	Teaching Activities	Learning Activities	Design Purpose
Step 6: Summary and Homework	2' CW	T made a summary about the process of making a survey. Assignments: Survey Report on Sports Activities 最近你们针对学生参加体育活动的情况进行了一次调查。请根据下面要求写一个100词左右的英语调查报告。 1.调查结果; 2.你的评论。	Ss made a summary of what they learnt today. Finish the assignment	Consolidate what has been covered. Apply what is learnt into writing a survey report on sports activities

6. 板书设计

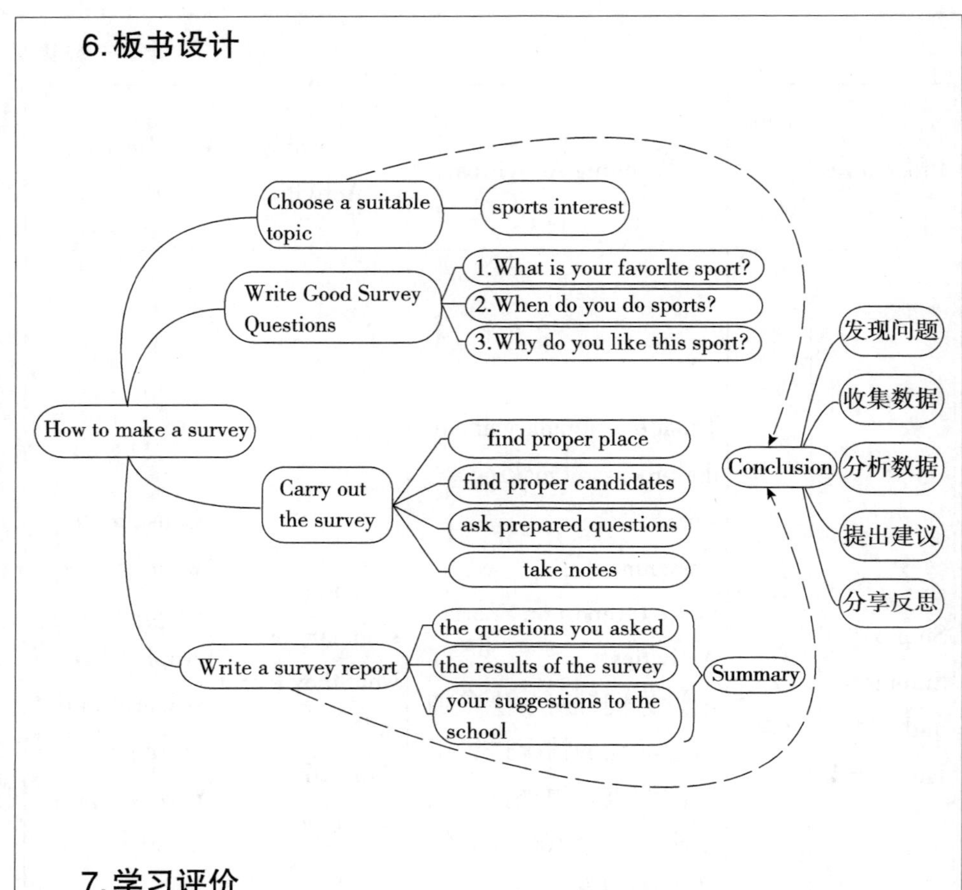

7. 学习评价

基于课程六要素的单元整体自我反思及评价量表

课程内容	反思内容	自我评价				
		1	2	3	4	5
主题	你学会如何做调查了吗					
	你是否了解本课时的主题意义					
语篇	你是否熟悉调查报告文本特征					
	你能概括调查报告的内容和结构吗					

续表

课程内容	反思内容	自我评价				
		1	2	3	4	5
语言知识	你能运用调查报告的常用词汇进行写作吗					
语言技能	你能对调查报告做口头报告吗					
文化知识	你是否有做调查报告的习惯					
学习策略	你学会如何进行数据分析了吗					
	你学会根据调查报告提出建议了吗					

8. 教学反思与改进

本节课顺利完成教学任务，也基本达到了预期目标。通过这节课，学生学会如何调查，以及如何撰写调查报告。

教师方面

整节课的设计思路清晰，引导学生思考如何提问，提升其高阶思维能力。让学生进行现场采访并记录问题的答案，培养学生自主合作、与人沟通的能力。还让学生收集数据、撰写报告，培养学生语言输入能力、逻辑能力、数据分析能力和批判性思维。在活动设计方面，立足于学情，设置了学习理解、应用实践、迁移创新三类活动，由易到难，层层递进。在教学评价方面，本节课设置了较多的小组活动和学生展示环节，进行了教师评价、学生自评和小组互评。

学生方面

学生对如何进行调查深感兴趣，积极参与各项活动。学生展示环节精彩纷呈，取得了较好的效果。本节课设置了较多的小组活动和学生展示环节，形式多样，含有师生互动、两人讨论和多人小组合作，学生在合作中学习与进步。在课堂最后，学生根据自己的学习情况，完成了《基于课程六要素的单元整体自我反思及评价量表》。

改进措施

本堂课主要存在的问题是学生课堂展示时间不够充裕，有以下几个改进措施。第一，适当减少教师引导性语言，多让学生自主探究。第二，调整小组学生数量，使每个小组有四位学生，让每位成员有充分的时间讨论。第三，布置前置性作业。在课前布置作业，让学生搜索有关调查的知识，在课上进行展示。通过此任务，学生对即将学习的内容有了解，教师也可留下更多的时间帮助学生突破学习难点，培养他们的动手能力和批评性思维。

9. 课时练习

(　　) 1.________, athletes from all over the world compete________the Olympic Games________the honor of winning.

A. Every fourth year; in; for

B. Every four year; in; for

C. Every fourth years; against; in

D. Every four years; for; in

(　　) 2. Kangaroos have good hearing, keen sight and a__________sense of smell. They are aware when an enemy appears at a distance.

A. sharp　　　　B. skeptical

C. positive　　　　D. fierce

(　　) 3. A student will be immediately punished if he is found________in the exam.

A. cheat　　　　B. to cheat

C. cheated　　　　D. cheating

(　　) 4. They prefer________the birthday party till next Sunday rather than________________ it without the presence of their manager.

A. putting off; to hold　　　　B. to put off; hold

C. putting off; to holding　　　　D. put off; holding

(　　) 5. —Why do people like classic music? I don't like it at all.

—_________it is not your style, that doesn't mean it is bad.

A. Even though　　　　B. Only if

C. Now that　　　　D. In case

6. How can we make a survey? List the procedures.

____

____

____

____

Answers:

1~5 AADBA;

6. First, choose a suitable topic. Second, make some related questions. Third, carry out the survey and try to collect enough data. Fourth, write a survey report according to the data.

参考文献

[1] 彭莹. 指向英语学科核心素养的高中英语阅读教学设计研究 [D]. 南昌：江西科技师范大学，2022.

[2] 张亚妮. 基于教、学、评一体化的高中英语教学实践研究 [D]. 天水：天水师范学院，2022.

[3] 刘晨雪. 本土文化融入高中英语阅读教学路径研究：以北师大版《高中英语》为例 [D]. 天水：天水师范学院，2022.

[4] 陈玉. 高中英语文化意识培养的现状调查 [D]. 重庆：西南大学，2021.

[5] 姜婧茹. 教—学—评一体化在高中英语写作教学中的应用研究 [D]. 济南：山东师范大学，2021.

[6] 张瑶琦. 高中英语教学中学生文化意识培养的调查研究 [D]. 淮北：淮北师范大学，2021.

[7] 胡齐. 高中英语课堂教—学—评一体化运用现状调查研究 [D]. 新乡：河南师范大学，2021.

[8] 李婉. 高中英语教师对学习活动观的认知与实践现状调查 [D]. 海口：海南师范大学，2021.

[9] 何玉. 英语学习活动观在高中英语阅读教学中的实践现状调

查［D］.成都：四川师范大学，2020.

［10］王蔷，周密，蒋京丽，等.基于大观念的英语学科教学设计探析［J］.课程.教材.教法，2020，40（11）.

［11］王晓亚.高中英语课堂中国文化教学现状调查［D］.上海：华东师范大学，2020.

［12］王丹.深度学习策略提升高中生英语阅读能力的行动研究［D］.淮北：淮北师范大学，2020.

［13］韩旭.基于学习活动观的高中英语教学现状及对策研究［D］.延吉：延边大学，2020.

［14］朱秀丽.基于文化意识培养的高中英语词汇教学研究［D］.曲阜：曲阜师范大学，2020.

［15］李林奉.高中英语阅读深度学习的教学设计研究［D］.重庆：西南大学，2020.

［16］吴飞燕.英语学习活动观视角下英语优质课的案例分析［D］.天津：天津师范大学，2020.

［17］王春晖.英语学习活动观的认识与实践［J］.基础外语教育，2019，21（5）.

［18］刘小红.基于深度学习的高中英语阅读教学模式的研究［D］.太原：山西师范大学，2019.

［19］任舟.基于英语学习活动观的高中英语阅读教学实证研究［D］.岳阳：湖南理工学院，2019.

［20］张宇.基于文化意识培养的外研版高中英语教材中国文化融入研究［D］.汉中：陕西理工大学，2019.

［21］李婉莹.项目教学法在培养学生核心素养的应用研究：以英

语阅读教学为例［D］.秦皇岛：河北科技师范学院，2019.

［22］韦兰凤.人教版和外研版高中英语教材阅读课文的文化内容对比分析［D］.桂林：广西师范大学，2019.

［23］孙珍珍.人教版高中英语教材文化内容研究：基于英语学科核心素养［D］.延安：延安大学，2019.

［24］朱霖.基于英语学科核心素养的高中英语阅读教学设计的调查研究［D］.延安：延安大学，2019.

［25］杨雪.基于英语学科核心素养导向的高中英语阅读教学现状调查研究［D］.固原：宁夏师范学院，2019.

［26］郭宝仙，章兼中.如何在课堂教学中培养英语学科核心素养［J］.课程.教材.教法，2019，39（4）.

［27］章策文.英语学科核心素养之文化意识：实质内涵与实践路径［J］.基础教育课程，2019（Z1）.

［28］陈则航，王蔷，钱小芳.论英语学科核心素养中的思维品质及其发展途径［J］.课程.教材.教法，2019，39（1）.

［29］乔苏毅."以学习为中心"的高中英语阅读课堂活动设计的行动研究［D］.武汉：华中师范大学，2018.

［30］夏谷鸣.作为英语学科核心素养的思维品质内涵分析［J］.兴义民族师范学院学报，2018（3）.

［31］张献臣.基于英语学科核心素养的中学英语阅读教学［J］.中小学外语教学（中学篇），2018，41（6）.

［32］宋亚.基于学科核心素养目标的高中英语阅读文本解读研究［D］.聊城：聊城大学，2018.

［33］王蔷.《普通高中英语课程标准（2017年版）》六大变化之解

析［J］.中国外语教育，2018，11（2）.

［34］赵志琦.高中英语课堂深度教学研究［D］.武汉：华中师范大学，2018.

［35］夏谷鸣.作为英语学科核心素养的文化意识内涵分析［J］.兴义民族师范学院学报，2018（2）.

［36］程晓堂.英语学科核心素养及其测评［J］.中国考试，2017（5）.

［37］韩笑.在高中英语教学中培养学生文化意识的研究［D］.武汉：华中师范大学，2017.

［38］束定芳.关于英语学科核心素养的几点思考［J］.山东外语教学，2017，38（2）.

［39］梁砾文，王雪梅.学科核心素养的内涵及培养模式［J］.外国中小学教育，2017（2）.

［40］梅德明.基于核心素养的英语学科课程发展：课程目标演进的价值取向［J］.英语学习，2016（12）.

［41］李明远.基于阅读课教学的学生英语学科核心素养培养［J］.基础外语教育，2016，18（5）.

［42］周奕君.初中英语学科教学中学生核心素养的培养［J］.亚太教育，2016（24）.

［43］李建红.英语学科核心素养的内涵及教学策略［J］.教学月刊·中学版（教学参考），2016（Z2）.

［44］冀小婷.英语学科核心素养培养的实现途径［J］.天津师范大学学报（基础教育版），2016，17（3）.

［45］张悦.《新标准》高中英语教材内部评价和外部评价对比研

究［D］. 哈尔滨：哈尔滨师范大学，2016.

［46］程晓堂，赵思奇. 英语学科核心素养的实质内涵［J］. 课程. 教材. 教法，2016，36（5）.

［47］陈瑞娟. 思维导图在高中英语阅读教学中的应用研究［D］. 上海：华东师范大学，2016.

［48］陈艳君，刘德军. 基于英语学科核心素养的本土英语教学理论建构研究［J］. 课程. 教材. 教法，2016，36（3）.

［49］王蔷. 从综合语言运用能力到英语学科核心素养：高中英语课程改革的新挑战［J］. 英语教师，2015，15（16）.

［50］孙大伟. 对高中阶段英语学科核心素养的自我认识［J］. 英语学习，2015（4）.

［51］倪前恒. 新课标下高中英语阅读教学中跨文化意识的培养［D］. 上海：上海师范大学，2014.

［52］吴文玲. 人教版高中英语教材文化对比和教学研究［D］. 西安：陕西师范大学，2013.

［53］蒲佳荔. 新课标下高中英语教学的文化导入［D］. 重庆：重庆师范大学，2012.

［54］杨素婷. 新课标理念下高中英语课堂有效教学的策略研究［D］. 重庆：重庆师范大学，2012.

［55］张雅芝. 人教版与北师大版新编高中英语教材中文化因素对比［D］. 西安：西安外国语大学，2011.

［56］李映颖. 新课标下高中英语教学中的文化意识培养研究［D］. 重庆：重庆师范大学，2011.

［57］郑思源. 高中英语课堂教学中学生参与情况调查研究［D］.

长春：东北师范大学，2010.

[58] 赖萍. 情境教学法在高中英语课堂教学中应用情况的调查［D］. 长春：东北师范大学，2010.

[59] 宋蕾. 论英语语言教学中高中学生跨文化交际能力的培养［D］. 大连：辽宁师范大学，2010.

[60] 孔海琛. 新课标下高中英语词汇教学现状的调查研究［D］. 上海：华东师范大学，2009.

[61] 李剑军. 论高中英语教学中文化意识的培养［D］. 上海：上海师范大学，2009.

[62] 向宏艳. 高中生英语跨文化交际能力现状调查研究［D］. 长春：东北师范大学，2008.

[63] 孙川. 高中英语文化意识培养研究［D］. 长春：东北师范大学，2008.

[64] 王玲娟. 人教版新编高中英语教材的文化导向分析［D］. 武汉：华中师范大学，2008.

[65] 鹿宁. 高中英语阅读教学中文化意识培养的研究［D］. 长春：东北师范大学，2007.

[66] 赵同庆. 中学生英语文化意识的培养研究［D］. 武汉：华中师范大学，2007.

[67] 丁华玲. 新课程标准下高中英语有效教学策略的研究［D］. 天津：天津师范大学，2007.

[68] 王白石. 对高中英语教学学生文化意识培养现状的研究与反思［D］. 长春：东北师范大学，2006.

[69] 刘佳. 高中英语课堂教学的导入艺术探究［D］. 武汉：华中

师范大学，2004.

［70］赵怡欣. 基于教学评一体化的高中英语课堂观察分析［D］. 天津：天津师范大学，2021.